Kaspar Maase

Was macht Populärkultur politisch?

Otto-von-Freising-Vorlesungen
der Katholischen Universität Eichstätt-Ingolstadt

Herausgegeben von der
Katholischen Universität Eichstätt-Ingolstadt

Kaspar Maase

Was macht Populärkultur politisch?

VS VERLAG

Bibliografische Information der Deutschen Nationalbibliothek
Die Deutsche Nationalbibliothek verzeichnet diese Publikation in der
Deutschen Nationalbibliografie; detaillierte bibliografische Daten sind im Internet über
<http://dnb.d-nb.de> abrufbar.

1. Auflage 2010

Lektorat: Dorothee Koch / Marianne Schultheis

VS Verlag für Sozialwissenschaften ist eine Marke von Springer Fachmedien.
Springer Fachmedien ist Teil der Fachverlagsgruppe Springer Science+Business Media.
www.vs-verlag.de

Umschlaggestaltung: KünkelLopka Medienentwicklung, Heidelberg
Gedruckt auf säurefreiem und chlorfrei gebleichtem Papier
Printed in Germany

ISBN 978-3-531-17678-9

Inhaltsverzeichnis

Vorwort 7

Was macht Populärkultur politisch und wie
erschließt man das analytisch? 11

Schlager und die Angst der Massen vor den
Massenkünsten 19

„Leute beobachten" in der Heimat. Mainstream und
kultureller Wandel nach dem Zweiten Weltkrieg 45

Populärkultur, Massen und Demokratie im
Deutschland des 20. Jahrhunderts 79

Angaben zum Autor 113

Ausgewählte Veröffentlichungen des Autors 115

Vorwort

In seiner „Legende von der Entstehung des Buches Taoteking auf dem Weg des Laotse in die Emigration" macht Bertolt Brecht am Ende darauf aufmerksam, dass wir diese Schrift nicht allein der Weisheit des Laotse verdanken, sondern auch der neugierigen Forderung des Zöllners, der den Meister zum Aufschreiben nötigte. Die Schlusszeilen lauten: „Darum sei der Zöllner auch bedankt: / Er hat sie [die Weisheit] ihm abverlangt."

Nun will der Autor dieses Bandes weder sich mit dem großen Laotse noch die Katholische Universität Eichstätt-Ingolstadt mit dem chinesischen Zolleinnehmer vergleichen. Doch nachdem die Texte endlich in die Druckfassung gebracht waren, wurde dem Verfasser klar, dass auch hier das freundlich insistierende Verlangen von außen einen wesentlichen Anteil am Ergebnis hat.

So ist an dieser Stelle der Geschichts- und Gesellschaftswissenschaftlichen Fakultät der genannten Universität nicht allein dafür zu danken, dass sie mir die Ehre erwiesen hat, mich im Sommersemester 2009 mit der Otto von Freising-Gastprofessur zu betrauen. Und es ist nicht nur ein Kompliment an die Studierenden abzustatten, die in den Lehrveranstaltungen meine Gesprächspartner waren. Es ist gleichermaßen die Idee zu preisen, nach der die Eingeladenen zwei öffentliche Vorträge unter einer gemeinsamen Fragestellung halten und dann daraus auch noch eine Publikation machen sollen.

In diesem Fall hat es sich als sinnvoll erwiesen, den beiden unter dem Themendach „Was macht Populärkultur politisch?" präsentierten Fallstudien (zum Schlager der Zwischenkriegsperiode undzum Heimatfilm der Adenauerzeit) noch einen weiteren Text beizugeben. Der Autor zumindest hofft, dass der – ausschnitthafte! – Blick auf den allgemeineren Zusammenhang von Populärkultur und Demokratie den Gang durch den angeschnittenen Fragenhorizont ein wenig abrundet und den vorgeschlagenen Zugang plausibler macht.

Dass die hier vorgestellten Überlegungen angesichts von Komplexität und Gewicht der mit dem Titel angesprochenen Beziehung fragmentarisch bleiben müssen, versteht sich von selbst. Doch der Autor freut sich, dass er genötigt war, einige Gedanken etwas weiter auszuarbeiten. Für diese „Nötigung" dankt er den Eichstätter Kolleginnen und Kollegen; für sämtliche Schwächen des Textes freilich übernimmt er allein die Verantwortung.

Zürich/Tübingen, im Januar 2010

Kaspar Maase

Was macht Populärkultur politisch?

Was macht Populärkultur politisch und wie erschließt man das analytisch?

Zum kognitiven Ehrgeiz eines Vielnamenfachs

Die in diesem Band vereinten Vorträge geben mir die Gelegenheit, an zwei Fallstudien und in einem Längsschnitt durch das 20. Jahrhundert einige Fragestellungen jenes Vielnamenfachs zu präsentieren, das als Europäische Ethnologie, Kulturanthropologie, Volkskunde, Empirische Kulturwissenschaft, Kulturforschung oder auch volkskundliche Kulturwissenschaft firmiert.[1] Recht überschaubar in Zahl und Ausstattung der Institute, zeigt sich die Disziplin doch hemmungslos, was die Forschungsgegenstände betrifft: Prinzipiell fühlen wir uns stark genug, jedes soziale Phänomen in die Alltagsperspektive zu rücken und die relevanten Sinnhorizonte im Handeln der Alltagsakteure zu erschließen, in der Gegenwart wie in historischen Lebenswelten zumindest der letzten 200 Jahre.[2] Und faktisch machen wir von dieser Selbstermächtigung durchaus Gebrauch – nicht unbedingt systematisch, aber doch in immer wieder überraschenden Erkundungen, vom Umgang mit Erbkrankheiten

---

1 Zur Namensvielfalt und ihren konzeptionellen Implikationen vgl. Regina Bendix/Tatjana Eggeling (Hg.): Namen und was sie bedeuten. Zur Namensdebatte im Fach Volkskunde. Göttingen 2004.

2 Vgl. etwa Wolfgang Kaschuba: Einführung in die Europäische Ethnologie. München 1999; Kaspar Maase/Bernd Jürgen Warneken (Hg.): Unterwelten der Kultur. Themen und Theorien der volkskundlichen Kulturwissenschaft. Köln 2003.

bis zur Rolle des Alkohols für die schwäbisch-alemannische Fasnacht. Die eigentlich spannende Frage dabei ist in meinen Augen die nach dem kognitiven Ehrgeiz, mit dem solche Einzelstudien betrieben werden. Was meint kognitiver Ehrgeiz? Eine große Dame unseres Fachs, Ingeborg Weber-Kellermann, hat das einmal so formuliert: Kulturwissenschaft ist Kontextwissenschaft;[3] die Dichte des argumentativen Netzes, mit dem einzelne Phänomene in Handlungs- und Bedeutungsbezüge eingebunden werden, macht den Unterschied. In anderen Worten, mit einer Metapher, deren Selbstironie ich schätze, drückt der französische Ethnologe Marc Augé Ähnliches aus; er sagt: Wir müssen schielen.[4] Wir müssen den Blick „von unten", durch die Augen der Alltagsakteure, die gern so genannte Froschperspektive, verknüpfen mit dem Blick „von oben" auf die großen Linien und die eher quantitativ zu fassenden Faktoren der Gesellschaftsgeschichte. Mikrologische und ethnographische Studien können nur kleine Ausschnitte wirklich seriös abbilden; doch der kognitive Ehrgeiz verlangt, nicht bei der dichten Beschreibung etwa von Tätowierungsstilen oder Hochzeitsritualen stehen zu bleiben, sie vielmehr in soziale und analytische Kontexte einzustellen – mit zweifacher Absicht: das Handeln der Menschen in den untersuchten Feldern besser zu verstehen und unser Verständnis der Kontexte selbst – Politik und Gesellschaft, deren konflikthafte Entwicklung – zu differenzieren und zu verbessern. Europäische Ethnologen wollen also nicht exotisierend absonderliche Bräuche aus dem Dschungel unserer anything goes-

---

3   Vgl. Ingeborg Weber-Kellermann/Andreas C. Bimmer: Einführung in die Volkskunde/Europäische Ethnologie. Zweite erw. u. erg. Aufl. Stuttgart 1985, S. 87, 101, passim. Vgl. auch bereits Hermann Bausinger: Zur Spezifik volkskundlicher Arbeit: In: Zeitschrift für Volkskunde, 76. Jg. 1980, S. 1-21, hier S. 9 ff.

4   Marc Augé: Orte und Nichtorte. Vorüberlegungen zu einer Ethnologie der Einsamkeit. Frankfurt/M. 1994, S. 138 f.

Kultur herausleuchten oder scheinbar Selbstverständliches verfremden – etwa das Kreisklasse-Fußballspiel als Drama des Lebens; der kognitive Ehrgeiz richtet sich darauf, im Zusammenwirken mit anderen Sozial- und Geschichtswissenschaften unsere Gesellschaft und ihren historischen Wandel besser zu verstehen und ein Stück weit auch zu erklären.

Grenzen aufzeigen und Hypothesen vorschlagen

Das Ziel wird in diesem Band verfolgt am Beispiel der Beschäftigung mit kommerzieller populärer Kultur. Es geht darum, deren Rolle für die gesellschaftliche Entwicklung, ihre Qualität als Element einer *histoire totale* im Sinne der Annales-Schule herauszuarbeiten. In diese Richtung zielt der Titel, der ein doppeltes Interesse formuliert: daran, was denn Populärkultur *politisch* mache, wie daran, was Populärkultur politisch *mache*. Gefragt ist jedenfalls nach den sozialen Effekten des massenhaften Umgangs mit populären Künsten und Vergnügungen – Effekten in einem sehr weiten Sinne, die letztlich auch ins politische Meinen und Handeln eingehen. Dabei sei hier als politisch verstanden, was sich auf die *polis*, auf die Ordnungen gesellschaftlichen Zusammenlebens bezieht. Unterhaltsames Lesen, Sehen, Hören, Sich-Bewegen bleibt nicht auf Freizeitwelten beschränkt; Massenkultur ist kein folgenloses Spiel in einer sozialen Nische ohne weitere Auswirkungen. Fraglos gehen Erfahrungen und Erkenntnisse auch aus diesem Daseinsbereich in die Weltsicht und die Handlungsdispositionen der Menschen ein, die in anderen Situationen dann das tun, was wir politische oder politisch folgenreiche Aktivität nennen.
Im Unterschied zu nomologisch ausgerichteten Sozialwissenschaften, die mit quantitativ-statistischen Methoden die verschiedenen Einflussfaktoren zu bestimmen und ihre Wirkung zu gewichten suchen, ist volkskundliche Kulturwissenschaft (wie andere Kul-

turwissenschaften) eher ideographisch-hermeneutisch ausgerichtet insofern, als sie die dichte Erfassung und Repräsentation von Einzelfällen und begrenzten Lebensausschnitten zum Ausgangspunkt nimmt. Dann aber (kognitiver Ehrgeiz!) verknüpft sie die in der Nahaufnahme erzeugten Befunde, unverhohlen eklektisch, mit Erklärungsansätzen unterschiedlicher disziplinärer Herkunft.

Hinter solchem Vorgehen steht der Zweifel daran, ob die üblicherweise zwecks Kontrollierbarkeit der Variablen vorgenommene Komplexitätsreduktion ein Wissen erzeugt, das zum angemessenen Verständnis alltäglicher Lebenszusammenhänge taugt. Derartiger Zweifel entsteht, wenn man sich bemüht, das dichte Gewebe sozialen Handelns mit den Augen der Alltagsakteure zu betrachten; Vielschichtigkeit und Polysemie der Bedeutungen, Regeln und Wertungen, die dabei im Spiel sind und ihre Konstellation je nach Situation und Rahmung verändern, bestimmen den Äther des gelebten Lebens und scheinen einer anderen Welt anzugehören als die (mit massiver Komplexitätsreduktion gewonnenen) Kategorien der Sozialwissenschaften. Dabei versteht sich das Fach durchaus als (qualitativ arbeitende) Sozialwissenschaft und beschränkt sich deshalb nicht auf die methodisch reflektierte Beschreibung von Einzelfällen. Doch seinen Beitrag zur Erzeugung allgemeiner brauchbaren Wissens über soziale Zusammenhänge scheint es vor allem mit drei kognitiven Strategien zu leisten: Typen bilden, Grenzen aufzeigen und Hypothesen vorschlagen.

Die hier präsentierten Arbeiten folgen den beiden letzteren Vorgehensweisen. Dabei werden Einzelstudien zum einen genutzt, um an ihnen den Erklärungswert sozialwissenschaftlicher Theorien und gängiger historiographischer Deutungen zu prüfen. Das führt mit einer gewissen Wahrscheinlichkeit dazu, dass die begrenzte Reichweite vorliegender Interpretationen und jene darin gar nicht artikulierbaren „Fakten" fokussiert werden, die zur präziseren Bestimmung der Geltungsbedingungen einschlägiger sozialwissenschaftlicher Erkenntnisse auffordern. Zum anderen geht es darum,

Phänomene herauszuleuchten, die (nicht unähnlich dem abduktiven Verfahren bei Charles S. Peirce) auf bisher nicht wissenschaftlich thematisierte, „überraschende" Zusammenhänge verweisen und so auffordern, neue Hypothesen zu formulieren und diese empirisch zu überprüfen. Abduktion, so Peirce, weist uns darauf hin, dass etwas sein *kann*;[5] sie hat im besten Sinne spekulativen Charakter. Nicht alle volkskundlichen Kulturwissenschaftler würden vermutlich widersprechen, wollte man sie, augenzwinkernd, den Trüffelschweinen im Zoo der Disziplinen zurechnen.

Doch zurück zu den politischen Implikationen populärer Kultur. Ihnen nachzugehen, ist kein neues Anliegen. Die nächstliegende Idee, wie diese Annahme in Forschung umgesetzt werden könnte, richtete sich auf die Botschaften, auf Deutungs- und Verhaltensangebote populärer Künste und Vergnügungen, die die Forscher für politisch belangreich hielten – schlicht gesagt: auf Inhalte und die darin ausgedrückten Werte und Normen; etwas differenzierter formuliert: auf Plot und Narrativ, Figurengestaltung und die auktorial intendierte Lesart. Man fragte, wie Filmthemen und Tanzformen von gesellschaftlichen Einstellungen und Wertordnungen beeinflusst wurden oder wie bestimmte Aussagen und musikalische Muster auf Bewusstsein und Handeln der Zeitgenossen gewirkt haben mögen. So sind zweifellos bedeutende Studien von bleibender Aussagekraft entstanden wie Siegfried Kracauers Filmgeschichte „Von Caligari zu Hitler"[6] oder Klaus Michael Bogdals Rekonstruktion des Bürger-Blicks auf die Arbeiter aus der Literatur des deutschen Naturalismus.[7]

---

5   Vgl. Collected Papers of Charles Sanders Peirce. Vol. V and Vol. VI. Hg. v. Charles Hartshore/Paul Weiss. Cambridge, Mass. 1960, S. 106 (5.171).
6   Siegfried Kracauer: Von Caligari zu Hitler. Eine psychologische Geschichte des deutschen Films. Frankfurt/M. 1984 [amerik. Erstausgabe 1947].
7   Klaus Michael Bogdal: „Schaurige Bilder". Der Arbeiter im Blick des Bürgers am Beispiel des Naturalismus. Frankfurt/M. 1978.

Wenn die Forschung allerdings den Zugang zum Zusammenhang von Populärkultur (im Sinne populärer Künste und Vergnügungen) und Gesellschaftsgeschichte über Werk- und Genrequalitäten sucht und wenn sie dabei vorrangig stilanalytische, philologische und andere interpretative Methoden einsetzt, dann stößt sie auf ein unvermeidbares Problem: Sie impliziert, dass es im Umgang mit den populären Angeboten in erster Linie um deren *ästhetische* Erschließung gehe (gehen solle!) und folgert hermeneutisch aus der akademischen Lesart der Produkte auf deren Effekt bei den Rezipienten. Im Ergebnis wird gar nicht so selten einem fiktiven, impliziten Massenpublikum als Weltsicht und Handlungsorientierung zugeschrieben, was der Kritiker schlicht aufgrund seiner Vorstellungen von der Masse in die Werke hineininterpretiert. Dabei wissen wir heute, dass – in ein gängiges Bild gefasst – der eigentliche Film im je individuellen Kopf des Betrachters abläuft.[8] Bereits in den 1970ern wies Umberto Eco bei seinen Überlegungen zur Massenkultur hin auf die Wahrscheinlichkeit einer „Interpretation der Botschaft nach einem Kode, der nicht der Kode der Kommunizierenden ist."[9] Stuart Halls Konzept von Encoding und Decoding[10] bietet dafür inzwischen ein systematisches Modell.

Angesichts dieses epistemologischen Problems versuchen die hier vorgestellten explorativen Studien, zur Erkundung des Zusammenhangs von Populärkultur und Gesellschaftsgeschichte einen

---

8   Sehr prägnant formuliert diesen Befund mit seinen Konsequenzen für empirische Forschung Dieter Lenzen: Filme entstehen im Kopf. Vergleichbare Wirkungen von Gewaltdarstellungen sind nicht nachweisbar. In: tv diskurs, 7. Jg. 2004, Nr. 28, S. 31-36.

9   Umberto Eco: Apokalyptiker und Integrierte. Zur kritischen Kritik der Massenkultur. Frankfurt/M. 1984, S. 32 [EA 1964/78].

10   Stuart Hall: Encoding/Decoding. In: Ders. u. a. (Hg.): Culture, Media, Language. London 1980, S. 128-138; zur kritischen Auseinandersetzung mit dem Ansatz vgl. Mohini Krischke-Ramaswamy: Populäre Kultur und Alltagskultur. Funktionelle und ästhetische Rezeptionserfahrungen von Fans und Szenegängern. Konstanz 2007, S. 8-11.

zusätzlichen, einen praxeologischen Zugang zu erproben. Statt den Fokus primär auf die aus dem Spiel von Form und Inhalt entstehende Botschaft der Werke und deren vermuteten Niederschlag im Bewusstsein der Subjekte zu richten, werden die Handlungen, Konflikte, Bewegungen untersucht, die die Aufnahme populärer Künste in den Alltag seit etwa 1870 begleitet haben. Nur wenige Menschen der beiden letzten Jahrhunderte haben der Nachwelt ihre Eindrücke und Meinungen über populäre Kultur hinterlassen; doch wie sie darauf *praktisch* reagierten, dazu kann man den Archiven vergleichsweise viel entnehmen. Zugespitzt lautet die These: Historisch und politisch folgenreicher als werkanalytisch zu erschließende Lesarten waren die Bilder von, Urteile über und Weisen des praktischen Umgangs mit Populärkultur, die wir im realen, aus Quellen[11] zu rekonstruierenden *Handeln gegenüber Populärem* (und in den Diskursen, die als spezifische Form sozialer Praxis dieses Handeln begleiteten und legitimierten) aufspüren können: in Bewegungen gegen Schundliteratur, filmpädagogischen Kursen, Fanaktivitäten und Fan Fiction, jugendkultureller Selbstpräsentation oder Kampagnen gegen „Killerspiele". Ein kognitiv Erfolg versprechender Weg zum Verständnis der historischen Bedeutung, der gesellschaftlichen Folgen populärer Künste führt über die dichte Untersuchung des darauf bezogenen sozialen Handelns. Die „überraschenden" Befunde, die sich dabei immer wieder ergeben, fordern gängige sozialhistorische Deutungen heraus und lassen nach Erklärungen suchen, die Nutzenkalkulation wie Eigensinn der Alltagsakteure[12] systematisch und zentral berücksichtigen.

---

11   Zur Arbeit mit Quellen im Kontext historischer Ethnographie vgl. Kaspar Maase: Das Archiv als Feld? Überlegungen zu einer historischen Ethnographie. In: Katharina Eisch/Marion Hamm (Hg.): Die Poesie des Feldes. Beiträge zur ethnographischen Kulturanalyse. Tübingen 2001, S. 255-271.

12   Vgl. Alf Lüdtke: Eigen-Sinn. Fabrikalltag, Arbeitererfahrungen und Politik vom Kaiserreich bis in den Faschismus. Hamburg 1993.

Schlager und die Angst der Massen vor den Massenkünsten

Die hier vorzustellende populärkulturhistorische Fallstudie wirft ganz in diesem Sinn einen Blick auf die Auseinandersetzungen um den Schlager in der Zwischenkriegszeit. Ausgangspunkt, besser: Abstoßpunkt sind die meist unhistorischen und nicht selten geschmäcklerischen Vorstellungen von der Bedeutung dieser Musik, die hierzulande dominieren. Im Gegensatz zum Schlager der Bundesrepublik hat der der Zwischenkriegszeit nämlich in den vergangenen Jahren erstaunliche Anerkennung gefunden. Ein Beispiel dafür findet sich in der posttraditionalen Ruhmeshalle des vereinten Deutschland, in den drei Bänden der *Deutschen Erinnerungsorte*.[1] Dort wurden nur wenige Exponenten moderner Populärkultur aufgenommen; neben der Bundesliga und dem Volkswagen, Karl May und Marlene Dietrich erfährt die Ehrung des Erinnertwerdens auch der Schlager. Die Laudatio stellt – ganz im Einklang mit der sonstigen Literatur[2] – besonders die 1920er und

---

1   Etienne François/Hagen Schulze (Hg.): Deutsche Erinnerungsorte. 3 Bde. München 2001.

2   Vgl. die Überblicksdarstellungen von Hans Christoph Worbs: Der Schlager. Bestandsaufnahme - Analyse - Dokumentation. Ein Leitfaden. Bremen 1963; Peter Czerny/Heinz Hofmann: Der Schlager. Ein Panorama der leichten Musik. Berlin/DDR 1968; Werner Mezger: Schlager. Versuch einer Gesamtdarstellung unter besonderer Berücksichtigung des Musikmarktes der Bundesrepublik Deutschland. Tübingen 1975; Monika Sperr: Schlager. Das Große Schlager-Buch. Deutsche Schlager 1800 - Heute. München 1978; Maurus Pacher: Das gab's nur einmal. Deutsche Schlagerkomponisten und -texter 1910-1945. In: Lutz-W. Wolff (Hg.): Puppchen, du bist mein Au-

30er Jahre als „Blütezeit" heraus und rühmt, dass deren Produktionen „mit Witz und Charme Frivolität und Lebenslust ausstrahlten".[3]
Ich teile dieses Urteil. Das Genre hat die Ehrung zweifellos verdient, als Gefühlskomplex, der für Generationen Deutscher Träume und Erinnerungen, Emotionen und Identifikationen verdichtete. Doch als volkskundlicher Kulturwissenschaftler muss ich vom Feldherrenhügel des ästhetischen Jahrhundertüberblicks heruntersteigen und fragen, wie diese Musik im Alltag ihrer Zeit aufgenommen wurde. Dann aber stößt man auf ein irritierendes Phänomen: Schlager – also eingängige Gesangsstücke, kommerziell produziert zur Verbreitung auf dem Unterhaltungs- und Musikmarkt – waren zu ihrer angeblichen „Blütezeit" zweifelsohne populär; sie wurden gesungen, gekauft, getanzt, bejubelt von Menschen aus beinahe allen Sozial- und Bildungsschichten. Und sie waren verhasst: Sie wurden beschimpft, verachtet, bekämpft; sie galten Menschen aus allen Schichten als Symptom einer kranken Gesellschaft.

Hier liegt die Herausforderung für den volkskundlichen Kulturwissenschaftler. Derartige Kampagnen fanden nämlich Widerhall auch in jenen sozialen Gruppen, die wir mit einem ebenso fragwürdigen wie unvermeidlichen Kunstwort als popular bezeichnen. Popular meint die Alltagskultur jener Gruppen, die unser Fach

---

genstern. Deutsche Schlager aus vier Jahrzehnten. München 1981, S. 152-203, bes. S. 156-184; Matthias Bardong/Hermann Demmler/Christian Pfarr (Hg.): Das Lexikon des deutschen Schlagers. 2., erw. u. überarb. Aufl. Mainz 1993, S. 11-47; André Port le Roi: Schlager lügen nicht. Deutscher Schlager und Politik in ihrer Zeit. Essen 1998; Oliver Bekermann: „Wunder gibt es immer wieder". Eine Untersuchung zur gegenseitigen Abhängigkeit von Alltagskommunikation und Deutschem Schlager. Norderstedt 2007, S. 19-106; Stiftung Haus der Geschichte der Bundesrepublik Deutschland (Hg.): Melodien für Millionen. Das Jahrhundert des Schlagers. Bonn 2008.

3   Rainer Moritz: Der Schlager. In: François/Schulze, Band III, S. 201-218, hier S. 206.

noch in den 1950ern Volk nannte.[4] Heute vermeiden wir eine essenzialistische Bestimmung, wir arbeiten relational und konstruktivistisch: Als popular sollen Wahrnehmungs-, Wertungs- und Verhaltensmuster gelten, die in einer Gesellschaft den „einfachen Leuten" zugeordnet werden – von ihnen selber wie von außen, durch Distinktionspraktiken insbesondere der Bildungsschichten. In diesem Sinne eines sozialen Konstrukts wird im Folgenden von „einfachen Leuten" die Rede sein.

Gespaltenes Publikum

Für den Streit um den Schlager ist „irritierend" ein Euphemismus. Wir stoßen hier auf ein Problem, das die Kultur der Weimarer Republik in besonderer – man ist versucht zu sagen: in tragischer – Weise kennzeichnete. Die Unterhaltungsmusik erlebte damals wirklich eine seither unerreichte Blüte. Unter dem Begriff Schlager[5] subsummierten die Zeitgenossen sehr viel Bunteres, als wir das heute tun. Es ging um eingängige Gesangsstücke, kommerziell produziert für den Unterhaltungs- und Musikmarkt; sie kamen aus Operette und musikalischem Lustspiel, von Kabarett

---

4   Vgl. Bernd Jürgen Warneken: Die Ethnographie popularer Kulturen. Eine Einführung. Wien 2006.
5   Vgl. die Diskussion der Definitionsversuche und die kulturwissenschaftlich elegante Bestimmung bei Julio Mendívil: Ein musikalisches Stück Heimat. Ethnologische Beobachtungen zum deutschen Schlager. Bielefeld 2008, S. 137-181; er betrachtet den deutschen Schlager als ein Feld innerhalb des deutschen Musikmarktes, das sich in der Beziehung zu anderen Feldern konstituiert. Es versteht sich, dass nach diesem relationalen Ansatz jeweils konkret zu bestimmen ist, was in einer historischen Situation als Schlager gelten kann; zur Konstellation der Weimarer Zeit vgl. ebd., S. 188-192, und insbesondere Peter Wicke: Von Mozart zu Madonna. Eine Kulturgeschichte der Popmusik. Leipzig 1998, S. 88-162, sowie Helmut Rösing (Hg.): „Es liegt in der Luft was Idiotisches ...". Populäre Musik zur Zeit der Weimarer Republik. Baden-Baden 1995.

und Chansonbühne, waren direkt für die Schallplatte oder später dann für den Tonfilm geschrieben. Die Offenheit der Genres füreinander, die Liaisons und Mesalliancen zwischen „E" und „U" setzten außerordentliche ästhetische Potenziale frei. Nicht wenige dieser Schlager haben bis heute gültige Maßstäbe gesetzt in puncto Witz und Einfallsreichtum, in puncto musikalischer, textlicher und interpretatorischer Qualität und Originalität. Sie belegen, alles in allem, das kulturdemokratische Potenzial von Massenkünsten. Ohne Rücksicht auf etablierte Genre-Hierarchien, ohne Sorge, ihr künstlerisches Ansehen durch Eingängigkeit, Unterhaltsamkeit oder gar satten kommerziellen Erfolg zu schädigen, engagierten sich Musiker mit unterschiedlichstem Hintergrund, um eine neue Kultur für eine neue Zeit zu schaffen: breiter wirksam, breiter akzeptiert, breiter eingreifend.[6]

So lautet das Urteil des Historikers. Doch zeitgenössisch waren Ressentiment und Aggression gegen „den Schlager"[7] und seine Künstler verbreitet[8] – und zwar weit über die Bildungsschichten

---

6   Vgl. zu diesem Impuls das Konzept der „Allgemein-Kunst" bei Jost Hermand/Frank Trommler: Die Kultur der Weimarer Republik. München 1978, insbes. S. 70 f.

7   Die Quellen benutzen diesen Begriff pauschalisierend. Welche Segmente des vielfältigen Angebots für wen anstößig klangen und in den Kampagnen als Belege herangezogen wurden, ist noch detailliert zu untersuchen. Dieser Text folgt einer Linie der Attacken, die sich v.a. gegen „Nonsens-Schlager" richtete und vermutlich in den popularen Schichten besondere Resonanz fand; dass damit nicht die ganze Breite der populären Unterhaltungslieder erfasst ist und insbesondere sentimentale Titel wie „Dein ist mein ganzes Herz" im selben Publikum beliebt waren, sei ausdrücklich angemerkt. Wenn im Text von „dem Schlager" die Rede ist, dann nur im Sinne der Quellensprache.

8   Vgl. Brian Currid: A National Acoustics. Music and Mass Publicity in Weimar and Nazi Germany. Minneapolis 2006, S. 86-100; Christine Göbel: „Großstadtmelodien". Beobachtungen zur Funktion des Schlagers in Berlin-Romanen der Weimarer Republik. In: Helmut Rösing/Thomas Phleps (Hg.): Populäre Musik im kulturwissenschaftlichen Diskurs. Karben 2000, S. 169-182.

hinaus. Dass in diesen Kreisen neue und ästhetisch avancierte Kunst ebenso wie der Jazz auf einen geradezu fundamentalistischen Widerstand traf, haben die Studien von Eckhard John[9] zur Kampfparole „Musikbolschewismus" und von Georg Bollenbeck[10] zum Kunst-Diskurs vorgeführt. Die Reaktion speiste sich zu großen Teilen aus antidemokratischen Affekten und bereitete mit den Boden dafür, dass große Teile des Bürgertums von der „nationalen Revolution" des Adolf Hitler die Lösung der deutschen Probleme erhofften.

Anders bei denen, die hier in Abgrenzung zu den Gebildeten als einfache Leute bezeichnet werden und die wir Heutigen spontan als die eigentlichen Adressaten und Träger populärer Musik identifizieren. Über ihre Reaktion haben wir sehr viel weniger verlässliches Wissen. Vorliegende Bruchstücke deuten darauf hin, dass sich in diesen Kreisen Faszination und Ablehnung auf komplexe Weise mischten. Für sie war die Beschäftigung mit eingängiger Musik nicht nur ein unterhaltsames[11] Spiel. Schlager wurden ernst genommen; sie zogen Aggressionen auf sich, die politisch genutzt wurden.

Um diese Reaktion zu erhellen, soll im Folgenden den Motiven der Besorgten und Empörten nachgegangen werden. Ihre Ablehnung – das ist der zentrale Punkt – erscheint dem Alltagshistoriker näm-

---

9 Eckhard John: Musikbolschewismus. Die Politisierung der Musik in Deutschland 1918-1938. Stuttgart 1994; speziell zum Widerstand gegen den Jazz vgl. Cornelius Partsch: Schräge Töne. Jazz und Unterhaltungsmusik in der Kultur der Weimarer Republik. Stuttgart 2000.

10 Georg Bollenbeck: Tradition, Avantgarde, Reaktion. Deutsche Kontroversen um die kulturelle Moderne 1880-1945. Frankfurt/M. 1999.

11 Für Unterhaltung als Kernfunktion populärer Kultur argumentiert Hans-Otto Hügel: Ästhetische Zweideutigkeit der Unterhaltung. Eine Skizze ihrer Theorie. In: Ders.: Lob des Mainstreams. Zu Begriff und Geschichte von Unterhaltung und populärer Kultur. Köln 2007, S. 13-32; vgl. Ders.: Einführung. In: Ders. (Hg.): Handbuch Populäre Kultur. Begriffe, Theorien und Diskussionen. Stuttgart 2003, S. 1-22, insbes. S. 16-19.

lich zutiefst verständlich, wenn nicht gar unvermeidlich; und er sieht hier kein einmaliges, sondern ein strukturelles Problem moderner Populärkultur. Um das zu begründen, möchte ich, in aller Kürze, plausibel machen, wieso in den „Krisenjahren der Klassischen Moderne"[12] viele sich geradezu zwanghaft an alles klammerten, was im Strudel der Zeit Halt, Normalität versprach. Im Gefolge der Weltwirtschaftskrise nämlich schlug das Pendel ab 1929 unüberhörbar in diese Richtung aus. Nun waren statt Tempo, Frechheit und Zweideutigkeit Melodisches, Besinnliches und Tröstendes gefragt;[13] von der „Geschmacksverschiebung zu einem sentimentalen Operettenideal" spricht Partsch.[14] Vor diesem Hintergrund wird verständlich, warum Frivolität und Lebenslust, Nonsens und Selbstparodie als Herausforderung und Verhöhnung empfunden werden konnten. Die Rekonstruktion dieses Konflikts verweist auf Aporien der Populärkultur, die gerade in ihren heute kanonisierten Leistungen zutage treten.

„Ein Deutscher kennt keine Schlager!"

Die soziale Reaktion auf den Schlager jener Jahre ist noch kaum erforscht. Es scheint, als habe sie sich weniger dort geäußert, wo Historiker routinemäßig suchen, sondern eher in alltagsnahen und schlecht dokumentierten Genres wie politischen Reden, Predigten und Vereins-Ansprachen, Leserbriefen, im Schulunterricht und

---

12 Vgl. Detlev J.K. Peukert: Die Weimarer Republik. Krisenjahre der Klassischen Moderne. Frankfurt/M. 1987.

13 Vgl. Michael Stapper: Unterhaltungsmusik im Rundfunk der Weimarer Republik. Tutzing 2001, S. 95-113; Christian Schär: Der Schlager und seine Tänze im Deutschland der 20er Jahre. Sozialgeschichtliche Aspekte zum Wandel in der Musik- und Tanzkultur während der Weimarer Republik. Zürich 1991; Sperr 1978, S. 105; Worbs 1963, S. 60; Port le Roi 2007 , S. 22-24.

14 Partsch 2000, S. 14; umfassender ebd., S. 213-249.

beim alltäglichen Gespräch in der Kneipe, im Hausflur, im Laden. Einen Hinweis auf Spannungen, die sich im Lauf der 1920er aufbauten, und auf die Tauglichkeit des Schlagers zum Sündenbock können die folgenden Stellungnahmen aber wohl doch geben. Zur Klarstellung: Kaum jemand kam damals auf die Idee, kommerziell erfolgreiche Titel wie *Ich hab' mein Herz in Heidelberg verloren* oder *Valencia* grundsätzlich zu attackieren. Dennoch wurde die Bezeichnung Schlager zum Inbegriff dessen, was viele als prinzipielle Fehlentwicklung der Lied- und Musikkultur ablehnten. Populistische Kampagnen kamen vor allem aus deutschnationalen und völkischen Kreisen; sie lasteten Normverletzungen der Populärkünste dem angeblich zerstörerischen „Liberalismus" der Republik an und verlangten radikale Säuberung. Im Juli 1933, in Reaktion auf die keineswegs nur von den Nazis, sondern gleichermaßen von national- und kulturkonservativen Kreisen getragenen Bücherverbrennungen, erschien im 100. Band der ehrwürdigen, von Robert Schumann begründeten *Zeitschrift für Musik* ein Aufruf mit der Forderung: „Ein Scheiterhaufen auch für Musik".[15] Was hier vom „reinigenden Feuer" ausgebrannt werden sollte, machte der Autor mit einer „'Blütenlese'" deutlich. Die Titel, so ist zu vermuten, sprachen für die Leser der Zeitschrift bereits Bände. Hier eine Auswahl:[16]
Mein Herz sehnt sich nach Liebe; *Arm wie eine Kirchenmaus*; *Ich weiß nicht, wie ich Dir's sagen soll*; *Heut geh' ich auf's Ganze aus*; *Nach dem Tango bring' ich Dich nach Haus, mein Schatz*; *O, Donna Clara*; *Fahr mit mir nach Cuba, Schatz*; *Zuerst ein Schnäpschen*; *Zwei rote Lippen und ein roter Tarragona*; *Annemarie, komm in die Laubenkolonie*; *Nur eine Nacht sollst Du mir gehören*; *Gib nur acht, über Nacht kommt die Lieb'*; *Schöner Gigolo*; *Du bist mein Stern.*

---

15   Karl Schlegel: Ein Scheiterhaufen auch für Musik. In: Zeitschrift für Musik, Bd. 100, 1933, H. 7, S. 748-749.
16   Ebd., S. 748, 749.

Das sind nicht unbedingt die Skandalschlager der Weimarer Republik – hier passte jemand die ganze Richtung nicht, und er hoffte 1933 wie viele Bildungsbürger auf die große kulturelle Säuberung, die den vertrauten Kanon wieder verbindlich machen würde. Er träumte von einer Zukunft unter dem Motto „Ein Deutscher kennt keine Schlager!"[17]

Eine spätere Quelle aus der NS-Zeit spricht deutlicher populare Stimmungen an, die man gegen Schlager mobilisieren konnte. *Der SA-Mann* attackierte sie 1938 als „ungereimte Unverschämtheiten" in „schnoddrigem, frechem Ton" und „sensationeller Einkleidung". Als Beispiele für „pathologisch anmutende Reimereien" galten die Lieder „von der *Elisabeth*, die ‚so schöne Beine hätt', und *Donna Clara*, ‚ich hab' Sie tanzen gesehn, und Ihre Schönheit hat mich toll gemacht', von der *Tante*, die im Bett sitzt und Tomaten isst, von dem *Käse*, der zum Bahnhof rollt, und der *Großmama*, die Posaune bläst, von dem *Mädchen*, das sich mit Spinat bespritzen lassen soll".[18]

Tragende Milieus und Schwindel

Was ist an diesen Liedern unverschämt und frech? Genauer: Für wen konnten sie so klingen? Um zu antworten, müssen wir einen Blick werfen auf das Publikum der flotten Unterhaltungsmusik in jenen Jahren, insbesondere auf die Milieus, die den Schlager trugen. Eine systematische Untersuchung liegt bisher nicht vor. Und sie würde wohl auch kein trennscharfes Bild ergeben, das ganze Bevölkerungsgruppen ausschließt. Der Weimarer Schlager war Massenkunst. Es gab keine soziale oder Bildungsschicht, in der er

---

17 Ebd., S. 749.
18 Der SA-Mann, 26. 2. 1938, zit. n. Thorsten Müller: Feindliche Bewegung. In: Annette Hauber (Hg.): That's Jazz. Der Sound des 20. Jahrhunderts. Darmstadt 1988, S. 379-387, hier S. 381 (Hervorh. im Orig.).

nicht Anhänger gehabt hätte. Das gilt selbst für das ästhetisch anspruchsvolle Bildungsbürgertum; man lese etwa die wehmütigen Erinnerungen Victor Klemperers an den kessen und kosmopolitischen Soundtrack der Republik. Am 7. Februar 1935 notierte er: „Ich bin so ausgehungert nach Musik. [...] neuerdings lässt Eva auch manchmal [...] unsere alten Schlagerplatten laufen. Diese Tangos und Niggerlieder und anderen internationalen und exotischen Dinge aus den Jahren der Republik haben jetzt geschichtlichen Wert und erfüllen mich geradezu mit Rührung und Erbitterung. Es herrscht Freiheit in ihnen. Weltsinn. Damals waren wir frei und europäisch und menschlich."[19]
Selbstverständlich gab es auch unter jüngeren Arbeitern und Arbeiterinnen Schlagerfans; nicht selten sparten sie sogar das Geld für ein Grammophon zusammen. Doch spricht einiges dafür, dass das Kernpublikum überwiegend aus bürgerlichen und Angestelltenkreisen kam und eher städtisch als ländlich lebte. Denn wie wurde vor dem Tonfilm der Schlager verbreitet, wo und wann konnte man ihn hören? Im Rundfunk, per Grammophon und live bei Musikveranstaltungen. Radio und Plattenspieler waren jedoch bis in die 1940er Jahre hinein im wesentlichen Mittelschichtapparate, schon aus Preisgründen. Unverheiratete hatten hier ebenfalls einen Vorteil gegenüber denen, die Familien ernähren mussten. Und um die Großstädte herum war der Radioempfang besser – wie auch die Versorgung mit Schallplatten und das Angebot von Tanz- und Unterhaltungsveranstaltungen, auf denen Schlager gesungen wurden.
Wir können also die tragenden Milieus eher in bürgerlichen als in proletarischen Lebenswelten vermuten, eher unter Angestellten als unter Arbeitern, eher unter den Jüngeren, Ungebundenen als bei den Familienmenschen, eher im urbanen als im ländlichen Bereich. Und solche kulturelle Trägerschaft meint nicht allein die

---

19 Victor Klemperer: Ich will Zeugnis ablegen bis zum letzten. Tagebücher 1933-1941. Berlin 1995, S. 181.

ökonomische Zugänglichkeit; sie meint gleichermaßen Lebensgefühl und Zeiterfahrung, die positiv auf die schnoddrige, ironische, parodistische „Man lebt nur einmal!"-Haltung vieler Lieder ansprachen. Wolfgang Schivelbusch hat vermutet, viele hätten in den frühen 1920ern den Schwindel, den die unsichere Zeit vermittelte, weggetanzt.[20] Das mag für Gruppen des skizzierten Publikums zutreffen. Doch deuten die Affekte gegen Amoral und Hedonismus, Nonsens und Parodie darauf hin, dass Schlager bei anderen den Schwindel eher verstärkten.

In diese Richtung weist auch ein aggressiv kritischer Kommentar aus dem Jahr 1931. Er kommt nicht aus dem antirepublikanischen Lager. Er erschien in der Zeitschrift *Deutsche Republik*, einem Organ der demokratischen, auch bürgerlichen antifaschistischen Mitte. Der Autor nennt Musiktitel aus dem Programm des Berliner Rundfunks: *Adelhaid, Du hast 'nen Sex Appeal*; *Argentina, Du kommst mir spanisch vor - Bitte, mach mich zu Deinem Matador!*; *Elisabeth, was hast Du doch so schöne Beine*; *Ich fahr mit meiner kleinen Limousine Sonntags ins Grüne mit der Marie*; *Ich bin von Kopf zu [!] Fuß auf Liebe eingestellt*; *Es sprach der weise Marabu: Mach beim Küssen Deine Augen zu.*[21] Das ist nicht immer ganz originalgetreu zitiert; aber was hier interessiert, ist die Feststellung des Autors, der Rundfunk erst habe solche Musik aus den „vornehmen Bordellen" in die Öffentlichkeit getragen.[22] Sie entspreche weder Alltagserfahrung und Lebensgefühl der arbeitenden wie der arbeitslosen Millionen noch der „mit Hungerlöhnen ein trauriges Dasein fristenden kleinen Angestellten" oder der „heute überflüssigen Intellektuellen, die zu Hunderttausenden nicht wissen, woaus und woan". Sie drücke vielmehr den Geist „einer sehr

---

20 Wolfgang Schivelbusch: Die Kultur der Niederlage. Der amerikanische Süden 1865 - Frankreich 1871 - Deutschland 1918. Berlin 2001, S. 323.

21 R.: „Kulturbolschewismus". In: Deutsche Republik I, 1930/31, S. 16-19, hier S. 17.

22 Ebd., S. 17.

dünnen gutbürgerlichen Mittelschicht" aus: „die Schicht besserer Kaufleute; guter kaufmännischer Mittelstand, höhere Beamtendrohnen aller Spielarten, die Kundschaft der Nachtlokale am Kurfürstendamm. Sie ist es, die Sonntags mit der kleinen Limousine ins Grüne fährt, sie ist es, die Argentina bittet, einen ‚Matador' zu kreieren. Sie oder vielmehr die Opfer des erotischen Bedarfs dieser Schicht müssen von Kopf bis Fuß auf Liebe eingestellt sein".[23]

Aus den Fugen

Das ist blankes Ressentiment gegen den Schlager als dekadenten Stimulus der hauptstädtischen Lebewelt; der Autor liefert gewiss keine ernst zu nehmende Sozialanalyse des Publikums. Aber wir sehen: Die emotionsgeladene Ablehnung des Genres war nicht an bestimmte politische Lager gebunden. Sie brachte vielmehr eine durchaus naheliegende Sichtweise zum Ausdruck: die von Menschen, denen Verunsicherung und Not den Lebenshorizont verstellten und die für den alltäglichen Kampf ums Durchkommen alle ihre Kräfte mobilisieren mussten, nicht selten mehr als ihre Kräfte. In Irmgard Keuns Roman *Das kunstseidene Mädchen* von 1932 gibt die Titelfigur die Weltsicht eines ihrer Liebhaber, eines durchaus wohlsituierten Angestellten wieder. „[...] es wäre eine Zeit so heute, da wird alles zerstört und zerrissen, und wer ehrlich sein will, muss schon sagen, dass er sich nicht mehr zurechtfindet, und auch gerade ein Gebildeter kann sich gar nichts mehr aufbauen, und alles ist unsicher. Die ganze Welt wäre unsicher und das Leben und die Zukunft und was man früher geglaubt hat und was man jetzt glaubt, und die Arbeit macht nicht mehr so richtige Freude, weil man in sich immer so eine Art von schlechtem Gewissen hat, weil doch so viele gar keine Arbeit haben. Und da hätte denn so ein Mann eben nur seine Frau und wäre sehr angewie-

---

23 Ebd., S. 18.

sen auf sie, weil er doch an etwas Wirkliches glauben will, und das ist die Liebe zu seiner Frau [...]".[24] In einer Welt, die aus den Fugen geraten scheint, wird die feste, möglichst eheliche Beziehung zum sicheren Hafen – auch (da ist der Roman durchaus realistisch) für den Mann, der gerade fremdgeht.

Versuchen wir doch einmal, uns in die Situation eines Vaters zu versetzen, der das Familienschiff durch die Wirren einer verrückt gewordenen Zeit zu steuern sucht; der Zusammenhalt der Familie und eine ordentliche Zukunft für die Kinder sind seine wichtigsten Ziele. Oder in die Gefühle einer Mutter, die weiß, wie schnell zum Beispiel eine ungewollte Schwangerschaft das Leben ruiniert, und daher Vergnügungshunger und romantische Liebesträume ihrer Kinder mit großer Sorge betrachtet. Familie Mustermann sitzt also mitsamt 14-jährigem Sohn und 16-jähriger Tochter vor dem Radio, das man sich nach langem Sparen geleistet hat: als Zeichen für Kultur und Aufgeschlossenheit wie auch als Zeichen dafür, dass man sich von Sorgen und Knappheit nicht niederdrücken lässt und den sozialen Aufstieg nicht aus dem Auge verliert. Was mögen die Eltern fühlen, wenn aus dem Lautsprecher beispielsweise folgende Schlager ertönen? (Das ist eine fiktive Versuchsanordnung – kein authentisches Programm.)

Gesungene Herausforderungen

Vielleicht der Onestep *Halloh, Du süße Klingelfee* (Text: Arthur Rebner/Kurt Hertha, Musik: Robert Stolz) mit den Zeilen „Wenn ich so lang hier steh, / Dann frisst mich schier der Kummer: / Ich komm' zu keiner Nummer, / Wie gern wäre ich verbunden / Auf Stunden mit dir. [...] Lass mich hinein, Du Schlanke, Schmale /

---

24   Irmgard Keun: Das kunstseidene Mädchen. Berlin u.a. 1979 [EA 1932], S. 169 f.

Mal in die Zentrale!"[25] Das konnte man als witzige Frivolität gou-
tieren, aber für die Eltern Mustermann verherrlicht es vulgäre Se-
xualsprache – vor den Ohren der Kinder.

Oder der Foxtrott vom *Fräul'n Helen* (Text: Fritz Grünbaum, Musik: Fred Raymond), in dem der gute Friedrich ausruft: „Ich hab
das Fräul'n Helen baden sehn, / das war schön! / Da kann man
Waden sehn, / rund und schön im Wasser stehn! / Und wenn sie
ungeschickt / tief sich bückt – so / da sieht man ganz genau / bei
der Frau – oh!" Nicht genug mit der voyeuristischen Erotik – wo-
zu lehrt man die Kinder, dass ein Paar in guten und schlechten
Zeiten zusammenhält, wenn sie dann zum flotten Rhythmus hören,
was passiert, nachdem Friedrich das Fräulein Helen geheiratet hat?
Dicke Waden bekommt sie – und die Folge: „Geht die Gattin heut
ins Badezimmer, / schaut der Mann sich nicht mehr an die Trüm-
mer, / sondern weise schließt er leise ihr die Tür / und spielt am
verstimmten Klavier: / Ich hab das Fräul'n Helen baden sehn ...".[26]
Kann Frau Mustermann das witzig finden?

Noch ein Superhit: *Veronika, der Lenz ist da* (Text: Fritz Rotter,
Musik: Walter Jurmann) mit der augenzwinkernden Schlüsselzeile
„Veronika, der Spargel wächst". *Wir* wissen, dass Schlager die
Vorstellungen der Menschen von Partnerschaft, Treue und Hinga-
be wenig tangieren; aber was mussten die Eltern Mustermann 1930
empfinden, wenn sie gemeinsam mit den pubertierenden Kindern
hörten: „Der Herr Sohn, der Papa / schwärmen für Veronika. / Das
macht der Frühling. / Jeder klopft heimlich an. / Jeder fragt sie :
Wo und wann / komm ich endlich mal dran? [...] Der Gemahl
sucht voll Schneid / Anschluss an die Stubenmaid. / Das macht der
Frühling. / Seine Frau schickt er weg, / dann ruft er das Mädchen
keck / und erklärt ihr den Zweck: / Veronika, der Lenz ist da
[...]".[27]

---

25 Wolff 1981, S. 20/21.
26 Ebd., S. 38/39.
27 Ebd., S. 64/65.

Zum Abschluss der kleinen Versuchsreihe Zarah Leander. Wenn sie 1932 mit rauchiger Altstimme fragt *Warum soll eine Frau kein Verhältnis haben?* (Text: Alfred Grünwald, Musik: Oscar Straus),[28] muss Herr Mustermann das nicht wie Irmgard Keuns Romanfigur als Angriff auf den einzigen Halt nehmen, der ihm im Schwindel der Unsicherheit noch bleibt: die Gewissheit, dass seine Frau voll und ganz an seiner Seite steht?

Warum das Gedankenexperiment mit Familie Mustermann? Weil in den Krisenjahren der Klassischen Moderne, so die These, die Familie für viele der wichtigste Fixpunkt blieb, während ringsherum vertraute Regeln und Werte zerbröselten. Und wenn der Schlager – wie viele andere Trends und Stimmen der Zeit auch – die Prinzipien der patriarchal geführten, heterosexuellen, monogamen, lebenslangen Kleinfamilie in Frage stellte, dann zog er entsprechende Feindschaft auf sich. Und für diese Feinderklärung reichte es, dass die bewussten „Stellen" kursierten und angeprangert wurden: von der Kanzel, in der Lokalzeitung, am Stammtisch oder im Gesangverein.[29]

Was war nach 1918 anders?

Nun ist die Stoßrichtung populärer Künste gegen die etablierten Ordnungen des Sexus nicht spezifisch für die Zwanziger. Wenn man Vorfahren und Vorformen des Schlagers betrachtet – die erfolgreichen Gesangsstücke aus Oper, Operette, musikalischer Posse, Revue und Brettl; das populäre Lied, Chanson und Gassenhau-

---

28 Ebd., S. 101.

29 Idealerweise müsste die Analyse die musikalische und performative Dimension der Lieder einbeziehen; in unserem Zusammenhang ist allerdings festzuhalten, dass die Kampagnen mit Textauszügen arbeiteten und zur Empörung bekanntlich authentische und umfassende Kenntnis des Empörenden nicht nötig ist.

er –, dann wurden hier seit dem späten 18. Jahrhundert Liebe und Beziehungen auf eine Weise abgehandelt, die gerade die Differenz zur Norm und Normalität der Ehe als dem einzig legitimen Ort für Erotik und Sexualität ins Zentrum rückte. Populäres Lied und Schlager hatten auf ihrer Seite nicht nur unausgelebte Wünsche, sondern stets auch eine Lebensrealität, die mit der bürgerlichen Familien- und Geschlechtermoral nur schwer in Einklang zu bringen war. Über Generationen jedoch konnte man in Deutschland mit solchen Herausforderungen umgehen. Moralische Kritik am Schlager blieb beschränkt auf Minderheiten: bürgerliche Klassenkämpfer, die sexuelle und politische Anarchie aus den Unterschichten fürchteten, und christliche Sittlichkeitsaktivisten, die die normativen Grundfesten der Staatsordnung bedroht sahen.

Das war nach 1918 anders. Erstmals konnte auf breite Zustimmung auch in der unterbürgerlichen Bevölkerung, bei den einfachen Leuten, hoffen, wer den Schlager als Symptom oder gar als Mitverursacher der von vielen erfahrenen Misere attackierte. Was machte den Unterschied? Was setzte die Weimarer Populärkultur der beispiellosen Zerreißprobe aus? Zur Beantwortung dieser Frage sind bekanntlich Tonnen Schrifttums verfasst worden. Ich kann hier nur eine schlichte Überlegung anbieten. Die gesamte Geschichte der Moderne, die mit den Aufklärungs- und Säkularisierungsprozessen des 18. Jahrhunderts zu einer gesellschaftlichen Macht ersten Ranges wurde, lässt sich ja schreiben als Geschichte des Verlusts klarer, alternativloser Ordnungen des Daseins, als Geschichte verunsichernden Wandels und der Herausforderung durch verstörend ungewohnte, neue Lebens-, Denk- und Handlungsoptionen. In der Politik löst der Kampf der Parteien den Herrscher von Gottes Gnaden ab; an die Stelle geoffenbarter Wahrheit tritt die ständig sich revidierende Wissenschaft; Tradition muss sich rechtfertigen vor dem Richterstuhl bohrender Vernunft; Macht und Autorität sind nicht mehr von Natur gegeben, sondern rationaler Kritik ausgesetzt.

Abermillionen wechselten aus dem naturnahen Rhythmus ländlichen Wirtschaftens in die Disziplinarordnung lohnabhängiger Arbeit, die den Imperativen der Uhr, der Beschleunigung, der Zeiteinsparung gehorchte. Sie wechselten aus der vertrauten Enge dörflichen Lebens in die anonyme Offenheit der Stadt mit ihrer Fülle ebenso reizvoller wie verunsichernder Verhaltens- und Vergnügungsangebote. Frauen- und Kinderarbeit, Kinder- und Frauenbildung verschoben die Kräfteverhältnisse in der Familie, zwischen den Geschlechtern, zwischen den Generationen. Was gestern durchgängig als angemessenes Verhalten akzeptiert wurde, galt heute nicht mehr für alle. Männer und Frauen hatten nicht länger die selbe Auffassung davon, wie Männer und Frauen sein und miteinander umgehen sollten, und das Gleiche galt in den Beziehungen zwischen Eltern und Kindern, Lernenden und Erziehern.

Schärfe der Auseinandersetzung und Temperatur der Affekte in den 1920ern waren also nicht darin begründet, dass sich der Wandel in Lebensverhältnissen, Populärkultur und Alltagsmoral beispiellos beschleunigt und so die Menschen überfordert hätte. Konflikte und Belastungen für die Lebensführung waren 1890 und 1910 nicht von grundlegend anderer Dynamik und Dramatik als zwischen 1920 und 1930; man lernte ja auch von Generation zu Generation, Wandel zu verarbeiten. Nicht Freikörperkultur und Bubikopf, Religionskritik und Intensivierung der Arbeit, Sexualaufklärung und Frauenstudium, Großstadtleben und amerikanische Tänze als solche verunsicherten. Was den Unterschied machte, war der Verlust stabiler Rahmenbedingungen, die halfen, Wandel und Normenkonflikt mental zu verarbeiten und abzufedern.

Wandel und Stress

Man kann aus der Alltagsperspektive drei wesentliche Erfahrungen benennen, die verhindern, dass Anpassungsstress sich steigert zu Überforderung und Panik. Das ist zum einen die Stabilität der politischen und rechtlichen Ordnung, nicht zuletzt das Funktionieren des staatlichen Gewaltmonopols. Das entlastet von Ängsten vor Kriminalität und Violenz. Der Staat funktioniert; wer nicht will, muss sich nicht um „Politik" kümmern. Zweite Stütze ist das, was man als Fortschrittsgewissheit bezeichnet und heute eher vermisst: das Vertrauen darauf, dass insgesamt die Richtung der Entwicklung stimmt und die positiven Folgen des Wandels klar die negativen überwiegen. Drittens, aber nicht von geringstem Gewicht: die Verbesserung der persönlichen Lebenslage. Wenn es mir und den Meinen jedes Jahr ein Stückchen besser geht – materiell, kulturell, in puncto Freizeit und Alterssicherung –, dann kann ich die Zweifel daran ertragen, was besser ist für die Zukunft: kurze Röcke oder bedeckte Knie, zuchtvoller Paartanz oder wilde Rhythmen, Fließband oder handwerkliche Arbeit, voreheliche Enthaltsamkeit oder Abtreibungen, schwarzer Jazz oder deutsches Volkslied.

Alle drei Rahmenbedingungen fehlten aus der Perspektive der meisten Bürger in den meisten Jahren der Weimarer Republik; selbst in der ökonomisch relativ stabilen Zeit 1924-1929 wurde das Reallohnniveau von 1913 nicht dauerhaft überschritten. Wo ringsherum alles schwankte und raste, blieb nur noch ein Fixpunkt der Normalität, an den man sich halten konnte: die persönlichen Beziehungen, vor allem in der Familie. Hier suchte man Menschen, die Anerkennung vermittelten, auf deren Loyalität und Unterstützung man sich verlassen konnte. Allerdings bildete die Familie auch ein Netz hierarchischer Machtbeziehungen. Aus der Sicht der meisten Väter war sie der Ort, an dem Respekt und Gehorsam ihre Führung bestätigten – die zum Wohle aller auch dann durchgesetzt werden musste, wenn anderen die Einsicht fehlte.

Als Inbegriff der Gefahren, die das Familienschiff – sozusagen von innen heraus – im Sturm des gesellschaftlichen Wandels und der ökonomischen Krisen bedrohten, galt ihren Gegnern die kommerzielle Massenkultur.[30] Ihre Vergnügungen, so hieß es, verlockten insbesondere unreife Heranwachsende; sie gerieten in schlechte Gesellschaft und stellten kurzfristigen Genuss über Fleiß, Selbstdisziplin, Opferbereitschaft, Lern- und Anpassungswillen – über die Qualitäten also, die nach Auffassung der Eltern allein garantierten, dass die Kinder es einmal besser haben würden. Inhaltlich, so die Kritik weiter, bedrohe vor allem die irreführende Verherrlichung romantisch-spontaner Liebe und selbstzweckhaften sexuellen Genusses die Zukunft der Jugend und den Zusammenhalt der Familie. Auch dieses Argument passte durchaus zur Erfahrung vieler Eltern, wonach ungenügende Beherrschung der Triebe schlimme, lebenslängliche Folgen nach sich zog. Schon der Verdacht der Unmoral konnte die Heiratschancen der Tochter ruinieren, der Fehltritt eines Ehepartners das Vertrauen in der Beziehung unrettbar zerstören.

Skandalisierung sexueller Widernatur

Heute bezweifelt die Forschung mit guten Argumenten, dass populäre Kunst einen eindeutigen Einfluss auf die moralische Entwicklung Heranwachsender ausübt. Damals jedoch hatten Millionen Eltern starke Gründe, in ihrer angespannten Lebenssituation ängstlich darauf zu achten, ob etwa die Entwicklung der Kinder oder das Verhalten des Partners in die falsche Richtung gelenkt würden. Genau hier setzten Kampagnen an, die über die Skandalisierung

---

30 Vgl. dazu das letzte Kapitel dieses Bandes; vgl. auch Adelheid von Saldern: Massenfreizeitkultur im Visier. Ein Beitrag zu den Deutungs- und Einwirkungsversuchen während der Weimarer Republik. In: Archiv für Sozialgeschichte 33, 1993, S. 21-58.

populärer Unterhaltung das liberale System delegitimierten und kulturelle Freiheit als Missachtung der einfachen Leute anprangerten. Die Demagogen konzentrierten sich auf eine Behauptung: Die Massenkünste propagierten verderbliche sexualethische Leitbilder und widernatürliche Geschlechterrollen.

Für weite Bereiche war das schlicht unzutreffend; in wenigen Segmenten der zeitgenössischen Kultur wurde eine derart konservative populäre Moral vertreten wie in Courths-Mahler-Romanen und den meisten Groschenheften. Bei der Suche nach Skandalisierbarem mussten also Minderheiten-Produkte wie Homosexuellen-Zeitschriften den Sprengstoff liefern – oder eben Schlager; kaum ein anderes populäres Genre forderte derart direkt die Alltagsnormen eines bescheidenen, verlässlichen, respektablen, patriarchal geordneten Familienlebens heraus. Sicher: Wären diese Normen noch fraglos anerkannt gewesen, dann hätte niemand sich über Schlagertexte aufgeregt. Aber gerade weil die Wert-Konflikte zwischen den Generationen und Geschlechtern bereits das Massenpublikum durchzogen und beunruhigten, konnte die populistische Demagogie ernst genommen werden.

Angst vor der Sprengkraft der Sexualität war also der wichtigste Punkt, an dem Schmutz-und-Schund-Kampagnen andockten. Daneben heizten sie antiurbane, antiintellektuelle, antisemitische und gegen luxurierende Oberschichten gerichtete Affekte an; denn nicht wenige Schlager setzten sich, so Peter Wicke, mit „rotziger Unbekümmertheit"[31] hinweg über Alltagsregeln – Regeln, deren Respektierung gerade angesichts von Ungewissheit und verstörenden Zwangslagen für viele Halt und Verbindlichkeit bedeutete.

---

31 Wicke 1998, S. 91.

Skandalöser Umgang mit Essen

Es fällt auf, dass es in den skandalisierten Texten häufig um den Umgang mit Nahrungsmitteln geht; so wählte das zitierte NS-Pamphlet als Beispiele die Tante, die im Bett sitzt und Tomaten isst, den zum Bahnhof gerollten Käse und das Mädchen, das sich mit Spinat bespritzen lassen soll. *Mein Papagei frisst keine harten Eier* (Text: Hermann Frey, Musik: Walter Kollo) ist geradezu ein Klassiker der Nonsens-Schlager jener Zeit.

Ich bin aufgewachsen in den Nachkriegsjahren, als das Sattwerden noch keine Selbstverständlichkeit war. Und obwohl ich mich nicht an Mangel erinnere, erinnere ich mich an bestimmte Regeln, die mir vermittelt wurden und die für mich bis heute von Belang sind (auch wenn ich mich gerne von einigen Normen lösen möchte). Man mäkelt nicht, sondern isst, was auf den Tisch kommt. Man isst seinen Teller leer. Man wirft nichts Essbares weg, und: Mit Essen spielt man nicht. Wie immer man heute darüber denken mag: In der Generation meiner Eltern und Großeltern waren das noch Regeln von hoher moralischer Bedeutsamkeit. Und in den harten Jahren der Weimarer Republik entsprachen sie schlicht den Geboten der Not.

Wie hörte sich wohl aus dieser Sicht 1928, als es immerhin zehn Prozent Arbeitslose und sechs Prozent Kurzarbeiter gab, das flotte Lied vom Papagei, der keine harten Eier mag, an? „Er ist ganz wild nach Brustbonbons und Kuchen, / er nimmt selbst Kaviar und auch Sellerie, / auch saure Gurken sah ich ihn versuchen, / nur harte Eier frisst er nie!"[32]

Oder aus dem selben Jahr das Lied vom Spinat: *Ich reiß mir eine Wimper aus* (Text: Charles Amberg, Musik: Fred Raymond). Wir sehen hier übrigens, dass die Gegner des Schlagers nicht selten von aus dem Zusammenhang gerissenen Textfetzen lebten; um sich zu empören, brauchte man nicht das Original zu kennen, nur

---

32   Sperr 1978, S. 139.

die gewissen Stellen. Im Original ist es nämlich das schöne Fräulein Meyerbeer, das seinen Freund attackiert: „Ich reiß' mir eine Wimper aus / und stech' dich damit tot! / Dann nehm' ich einen Lippenstift / und mach' dich damit rot! / Und wenn du dann noch böse bist, / weiß ich nur einen Rat: / Ich bestelle mir ein Spiegelei / und bespritz' dich mit Spinat!"[33]
Schließlich, wieder von 1928, der Foxtrott *Tante Paula liegt im Bett und isst Tomaten* (Text: Hermann Frey, Musik: Walter Kollo). Auch hier eine Situation, die in den Ohren einer Mutter, die nur mit Mühe die tägliche Portion Milch für die Kinder zu beschaffen vermochte, zynisch luxurierend klingen konnte: Es geht um eine Diätkur gegen Übergewicht – damals noch keine Zivilisationskrankheit der Unterschichten. „Tante Paula liegt im Bett und isst Tomaten! / Eine Freundin hat ihr dringend zugeraten. / Jede Viertelstunde nimmt sie ab ein Pfund, / Und dabei fühlt sich die Tante ganz gesund! /
Tante Paula liegt im Bett und isst Tomaten! / Keine Suppe, kein Gemüse, keinen Braten. / Vor 'ner Woche war die Tante kugelrund, / Übermorgen wiegt sie höchstens noch ein Pfund!"[34]

Brücken ins Nazireich

Noch wissen wir zu wenig über die Auseinandersetzungen um den Schlager der Zwischenkriegszeit. Doch es spricht vieles dafür, dass die Stimmungsmache gegen die Weimarer Demokratie auch auf diesem Terrain Erfolg hatte. Worauf es hier ankommt: Es waren zum Teil berechtigte und verständliche Sorgen und Ängste im Massenpublikum, die demagogisch ausgenutzt wurden. Gerade Züge des Weimarer Schlagers, die wir heute besonders schätzen, gaben damals Anlass zu nachvollziehbarer Ablehnung. Schräger

---

33 Ebd., S. 134.
34 Ebd., S. 137.

Witz und freche Frivolität, Sinnverweigerung und Verlachen von Alltagsnormen, überdrehter Spaß und Feier spontanen Genusses, Provokation gängiger Lebensmaximen und demonstrative Abkehr von den drängenden Sorgen der Zeit, parodistische Übertreibung aktueller Nichtigkeiten und Modephänomene – das waren zwiespältige ästhetische Strategien. Sie führten langfristig ins Pantheon der Unterhaltungskunst, zu ihrer Zeit jedoch implizierten sie auch Isolation und konnten als Arroganz gegenüber Teilen der Bevölkerung wahrgenommen werden. Theodor W. Adorno, engagierter Zeitzeuge der Auseinandersetzungen, hat 1962 rückblickend geurteilt: Nicht wenige Züge des Unterhaltungsgeschäfts nähmen „in ihrem zwielichtigen Verhalten zur Anarchie heute sich so aus, als wäre es ihre Hauptfunktion gewesen, dem Nationalsozialismus die Parolen zuzuspielen, die ihm dann zum Kulturterror dienten: als hätte die geflissentlich hervorgekehrte Unordnung schon nach jener Ordnung gegiert, die dann der Hitler über Europa brachte".[35]

Das ist ein hartes Urteil. Es macht Sinn, wenn wir die Weimarer Massenkunst aus der Perspektive der anschließenden nationalsozialistischen Verbrechen betrachten; es sind allerdings auch andere Sichtweisen möglich. So ist es zweifellos legitim, als Bezugspunkt die ästhetische Entwicklung der Unterhaltungskultur und des Schlagers bis heute zu wählen, und dann treten Innovation, Eleganz, Selbstironie und witzige Frechheit in den Vordergrund. Doch ich habe versucht zu zeigen, dass Schlager – wider die Absichten der Künstler – Material lieferten, um Brücken ins Nazireich zu bauen; und so sahen es bereits Zeitgenossen. Das ist kein Vorwurf an die Kreativen, die nicht selten selbst zu Opfern wurden.[36] Es ist ein Verweis auf das Janusgesicht, das künstlerische

---

35 Theodor W. Adorno: Jene zwanziger Jahre. In: Ders.: Gesammelte Schriften. Bd. 10.2. Frankfurt/M. 1977, S. 499-506, hier S. 501 [ED 1962].

36 Vgl. stellvertretend Günther Schwarberg: Dein ist mein ganzes Herz. Die Geschichte von Fritz Löhner-Beda, der die schönsten Lieder der Welt schrieb, und warum Adolf Hitler ihn ermorden ließ. Göttingen 2000.

Vorstöße und Provokationen in Zeiten tiefgehender Verunsicherung und mentaler Überforderung tragen können – nicht zuletzt die Grenzüberschreitungen der kommerziellen Populärkultur. Die Orientierung am Massenmarkt schützt keineswegs davor, zum Gegenstand massenhafter Ablehnung zu werden – weil nicht wenige Menschen besorgt und verärgert reagieren auf Unterhaltungs- und Vergnügungsangebote, deren Anziehungskraft sie doch immer wieder erliegen.[37]

Aporien moderner Populärkultur

Anlässlich von Vorfällen wie den Massakern des achtzehnjährigen Robert Steinhäuser in Erfurt 2002 und des siebzehnjährigen Tim Kretschmer in Winnenden 2009 wird unübersehbar, was Kulturwissenschaftler wie Kreative gerne verdrängen: Eine deutliche und stabile Mehrheit der Bürger macht „die Medien" – gemeint sind die unterhaltenden Programme – (mit)verantwortlich für Verrohung und Werteverfall in der Jugend. Die Tatsache, dass diese Menschen auch das Dauerpublikum entsprechender Sendungen stellen, darf nicht über die Brisanz der Situation hinweg täuschen. Während fast alle Prüf- und Kontrollgremien aus liberaler Überzeugung heraus (und manchmal auch aus Rücksicht auf das eingesetzte Kapital) großzügig genehmigen, fühlt sich die schweigende Mehrheit durch die Darstellung von Gewalt, Sexualität, Ekelhaftem und Schockierendem, durch eine Vielzahl inszenierter Normverletzungen herausgefordert. 2002 meinten 78 Prozent der von Allensbach befragten Deutschen, Medien wie das Fernsehen seien mitverantwortlich für jugendliche Gewalttaten wie die in Erfurt;

37　Vgl. Nina Hofmann: Das Fernsehen und der tägliche innere Schundkampf. In: Ludwig-Uhland-Institut für Empirische Kulturwissenschaft (Hg.): Prädikat wertlos. Der lange Streit um Schmutz und Schund. Tübingen 2001, S. 78-87.

72 Prozent befürworteten Verbote oder Einschränkungen von Gewaltdarstellungen, 40 Prozent Maßnahmen gegen die Repräsentation von Sex im Fernsehen. Dabei handelte es sich nicht um kurzzeitige Erregung; der Anteil der Verbotsbefürworter lag 1993 genau so hoch.[38]

Derartige Befunde legen es nahe, über alles zeithistorisch Besondere hinweg nach grundlegenden Aporien, nach konstitutiven, theoretisch unlösbaren Problemen der modernen Massenkultur zu fragen – Aporien, die das Populäre immer wieder politisch werden lassen. Vielleicht kann man die unaufhebbar widersprüchliche Logik kommerzieller Populärkultur so formulieren: Provokation des Gewohnten und Überschreitung von Geschmacksgrenzen gehören zum Geschäft – und zugleich gefährden Provokation und Überschreitung die Akzeptanz der liberal-demokratischen Geschäftsbedingungen. Ich fürchte mithin, beim Dargestellten handelt es sich nicht notwendig um ein erledigtes historisches Kapitel. Wenn man heute die Debatte um Medien, Jugend und Gewalt anschaut,[39] dann sind ebenfalls Zeichen von Stress bei der Verarbeitung sozialen und kulturellen Wandels unübersehbar. Man erkennt Sündenbockstrategien und verbreitete Ängste gerade von Eltern. Und es mehren sich die Anzeichen dafür, dass auch in der Bundesrepublik Rahmenbedingungen abbröckeln, die bisher den Umgang mit kulturellen Spannungen abfederten. Viele erfahren keine Verbesserung des Lebensstandards mehr, eher Einbußen; und viele, die ein solches Schicksal nur befürchten, reagieren mit ebenso heftigen Affekten. Das Vertrauen in eine Politische Klasse, die das Gesellschaftsschiff verlässlich in sonnige Gefilde steuert, schwindet unverkennbar.

---

38 Institut für Demoskopie Allensbach: Allensbacher Berichte 12, 2002 (unpag.); vgl. auch Gerlinde Schumacher: Jugendmedienschutz im Urteil der Bevölkerung. In: Media Perspektiven 2, 2005, S. 70-75.

39 Vgl. die hoch reflektierte Studie von Isabell Otto: Aggressive Medien. Zur Geschichte des Wissens über Mediengewalt. Bielefeld 2008.

Die Geschichte wiederholt sich nicht, das tun allenfalls Historiker. Aber eine Parallele legt der Blick auf den Schlagerstreit doch nahe. In den 1920ern entstand politisch brisanter Unmut, wenn – literarisch! – mit Spinat gespritzt wurde; heute geschieht Vergleichbares, wenn – fiktional! – Blut und andere Körperflüssigkeiten über Bildschirme und Leinwände spritzen. Vielleicht muss man sich etwas mehr damit beschäftigen, welche Affekte ästhetische Grenzüberschreitungen und kalkulierte Normverletzungen der Populärkultur in Zeiten sozialer Verunsicherung auslösen. Auch künstlerische Unbekümmertheit gegenüber Ängsten und Normalitätssehnsucht kann zum Politikum werden.

„Leute beobachten" in der Heimat. Mainstream und kultureller Wandel nach dem Zweiten Weltkrieg

Massenkünste in der Adenauerzeit

„Was macht Populärkultur politisch?" – so lautet unsere Leitfrage. Das Politische wird dabei sehr weit verstanden; es geht um die Effekte populärer Künste im gesellschaftlichen Prozess, genauer: um die Auswirkungen dessen, was unterschiedliche Nutzergruppen mit und aus Kulturwaren machen. In diesem Feld sind viele Disziplinen forschend tätig; die hier vorgelegten Fallstudien versuchen, mit dem Handwerkszeug der Europäischen Ethnologie, der volkskundlichen Kulturwissenschaft, Befunde zu gewinnen, die durch andere Zugriffe so nicht zu erschließen sind. Im vorangehenden Kapitel wurden Schlager der Zwischenkriegszeit befragt, ob und wie Ängste vor und Empörung gegen vermutete Wirkungen populärer Musik gesellschaftsgeschichtlich relevant waren. Am Ende stand die These: Populärkultur kann zum erstrangigen Politikum werden, wenn sie sich – nach dem Gesetz, unter dem sie antritt! – in Zeiten sozialer Verunsicherung durch ästhetische Grenzüberschreitungen und fiktionale Normverletzungen über Ängste des Massenpublikums hinwegsetzt und seine Normalitätssehnsucht missachtet.

Hier nun soll es um eine andere Massenkunst in einem historisch deutlich anders strukturierten Kontext gehen: um den Film in der so genannten Adenauerzeit, nach der Staatsgründung bis 1963. Das war, auf jeden Fall seit der Mitte der 1950er, die Periode jener stillen Veränderung der Wert- und Normhorizonte, deren fundamentale Wandlung „1968" schockhaft ins allgemeine Bewusstsein trat.[1] Die Forschung, auf der Suche nach dem Beitrag populärer Künste zu diesem historischen Wandel, hat die Rezeption amerikanischer Kulturimporte – Boogie-Woogie, Jazz, Rock'n'roll, Jugendstars, Jeans und Elvistolle – und deren Aneignung in Fanszenen und jugendkulturellen Gruppierungen stark in den Vordergrund gestellt.[2] Die so genannte Amerikanisierung von unten gilt

1   Grundlegend für den Blick auf Lebensgefühle und Alltagsmuster der Periode sind immer noch Friedrich H. Tenbruck: Alltagsnormen und Lebensgefühle in der Bundesrepublik. In: Richard Löwenthal/Hans-Peter Schwarz (Hg.): Die zweite Republik. 25 Jahre Bundesrepublik Deutschland - eine Bilanz. Stuttgart 1974, S. 289-310; Hans-Peter Schwarz: Die Ära Adenauer. Gründerjahre der Republik 1949-1957. Stuttgart 1981; Ders.: Die Ära Adenauer. Epochenwechsel 1957-1963. Stuttgart 1983; Axel Schildt/Arnold Sywottek (Hg.): Modernisierung im Wiederaufbau. Die westdeutsche Gesellschaft der 50er Jahre. Bonn 1993; Axel Schildt: Moderne Zeiten. Freizeit, Massenmedien und „Zeitgeist" in der Bundesrepublik der 50er Jahre. Hamburg 1995; Ulrich Herbert (Hg.): Wandlungsprozesse in Westdeutschland. Belastung, Integration, Liberalisierung 1945-1980. Göttingen 2002. Vgl. auch Kaspar Maase: Alltagskultur der 1950er Jahre in der Bundesrepublik: Ein Forschungsüberblick. In: Peter Alheit/Dietrich Mühlberg: Arbeiterleben in den 1950er Jahren. Konzeption einer „mentalitätsgeschichtlichen" Vergleichsstudie biographischer Verläufe in Arbeitermilieus der Bundesrepublik Deutschland und der DDR. Bremen 1990, S. 36-68.
      Aus der neueren Historiographie der Bundesrepublik vgl. als Überblicke zu Kultur und Mentalitätswandel der Adenauerzeit Axel Schildt: Die Sozialgeschichte der Bundesrepublik Deutschland bis 1989/90. München 2007, S. 12-30, 41-53; Edgar Wolfrum: Die Bundesrepublik Deutschland 1949-1990. Stuttgart 2005, S. 189-215, 231-239 („Die geglückte Demokratie" vom selben Autor, Stuttgart 2006, unterscheidet sich im Text praktisch nicht); Manfred Görtemaker: Kleine Geschichte der Bundesrepublik Deutschland. Bonn 2004, S. 100-115.
2   Vgl. Rolf Lindner: Teenager. Ein amerikanischer Traum. In: Willi Bucher/Klaus Pohl (Hg.): Schock und Schöpfung. Jugendästhetik im 20. Jahrhundert. Darmstadt 1986, S. 278-283; Kaspar Maase: „... Das Tackern des Zivilisations-MG's". „Amerikanisierung" der Jugend und politische Kultur in der zweiten Hälfte der 50er Jahre. In: sowi - Sozialwissenschaftliche In-

weithin als Ressource für Demokratisierung, für die Abwendung von militaristischen Vorbildern hin zu einem zivilen Habitus, für ein neues, eher hedonistisches und individualistisches Verständnis von Jugend und für weitere Öffnungen der politischen Kultur.[3] An dieser Sicht hat unser Fach einigen Anteil; und wir werden noch sehen, dass auch hier die Überwindung eines eng werkanalytischen Zugriffs und ein praxeologisches Verständnis von Fantum und Jugendkultur hilfreich waren.

Dass Selbstamerikanisierung qua Populärkultur beigetragen habe zur Liberalisierung der bundesdeutschen Gesellschaft mit ihrem

---

formationen 20, 1991, S. 284-289; Ders.: BRAVO Amerika. Erkundungen zur Jugendkultur in der Bundesrepublik der fünfziger Jahre. Hamburg 1992; Uta G. Poiger: Jazz, Rock, and Rebels. Cold War Politics and American Culture in a Divided Germany. Berkeley 2000; Detlef Siegfried: Vom Teenager zur Pop-Revolution. Politisierungstendenzen in der westdeutschen Jugendkultur 1959-1968. In: Axel Schildt/Detlef Siegfried/Karl Christian Lammers (Hg.): Dynamische Zeiten. Die 60er Jahre in den beiden deutschen Gesellschaften. Hamburg 2000, S. 582-623; Sebastian Kurme: Halbstarke. Jugendprotest in den 1950er Jahren in Deutschland und den USA. Frankfurt/M. 2006; Mark Fenemore: Sex, Thugs and Rock'n'Roll. Teenage Rebels in Cold-War East Germany. New York 2007; Katja Scherl: „Det is doch wie Kino". Marlon Brandos *Der Wilde* als Vor- und Abbild jugendlicher Subkultur. In: Tanja Thomas (Hg.): Medienkultur und soziales Handeln. Wiesbaden 2008, S. 119-141.

3   Vgl. Anselm Doering-Manteuffel: Dimensionen von Amerikanisierung in der deutschen Gesellschaft. In: Archiv für Sozialgeschichte 35, 1995, S. 1-34; Kaspar Maase: Amerikanisierung von unten. Demonstrative Vulgarität und kulturelle Hegemonie in der Bundesrepublik der 50er Jahre. In: Alf Lüdtke u. a. (Hg.): Amerikanisierung. Traum und Alptraum im Deutschland des 20. Jahrhunderts. Stuttgart 1996, S. 291-313; Axel Schildt: Sind die Westdeutschen amerikanisiert worden? Zur zeitgeschichtlichen Erforschung kulturellen Transfers und seiner gesellschaftlichen Folgen nach dem Zweiten Weltkrieg. In: Aus Politik und Zeitgeschichte - Beilage zur Wochenzeitung Das Parlament. Nr. B 50, 2000, S. 3-10; Detlef Junker (Hg.): Die USA und Deutschland im Zeitalter des Kalten Krieges 1945-1990. 2 Bde. Stuttgart 2001; Konrad Jarausch: Die Umkehr. Deutsche Wandlungen 1945-1995. München 2004, insbes. Kap. 4.

autoritären Erbe, diese Lesart ist inzwischen in die Meistererzählung deutscher Nachkriegsgeschichte aufgenommen. Das ist gewiss gut so; doch bleibt die Frage nach der Reichweite dieser kulturellen Transfers[4] und ihrer Effekte. Auf der Suche nach der politischen Rolle von Populärkultur will die folgende Studie einen anderen Zugriff zur Diskussion stellen – nicht nur aus Unbehagen gegenüber kanonisierten Geschichtsdeutungen (selbst wenn man zu ihnen beigetragen hat), sondern weil es sich bei der angesprochenen Selbstamerikanisierung um ein ausgesprochenes Minderheitenphänomen handelte. Gewiss sind es nicht selten minoritäre Gruppen, die soziokulturellen Wandel anstoßen. Doch unser Fach – das ist ein gutes Erbe der alten Volkskunde – fühlt sich in besonderer Weise verpflichtet, Alltag und Kultur der Bevölkerungsmehrheit zu untersuchen und dabei auch die Normal- und Durchschnittsbürger als historische Akteure zu betrachten.

Angewendet auf den Film heißt das: Es gilt den Mainstream der Erfolgsstreifen in den Blick zu nehmen. Ich werde meine Thesen an dem Genre explizieren, das lange als Inbegriff konservativer, ja rückwärtsgewandter Populärkultur galt: am deutschen Heimatfilm. Finden wir hier die Taubenfüße, auf denen laut Nietzsche jene Gedanken kommen, die die Welt lenken?[5] Jedenfalls handelt es sich in diesem Fall noch deutlicher als beim ersten Vortrag um einen Versuch, der einen zu erprobenden Zugang entwirft.

Im Folgenden geht es zunächst um die Unterscheidung von einem Ansatz, der das politisch Relevante der populären Künste in auf Dissens gepolten Szenen und Subkulturen sucht. Ich führe kurz

---

4   Zum Konzept der kulturellen Transfers vgl. Federico Celestini/Helga Mitterbauer (Hg.): Ver-rückte Kulturen. Zur Dynamik kultureller Transfers. Tübingen 2003.

5   „Die stillsten Worte sind es, welche den Sturm bringen. Gedanken, die mit Taubenfüßen kommen, lenken die Welt." (Friedrich Nietzsche: Also sprach Zarathustra. Ein Buch für Alle und Keinen. In: Ders.: Werke. Kritische Gesamtausgabe. Hg. v. Giorgio Colli/Mazzino Montinari. 6. Abt. 1. Bd. Berlin 1968, S. 185).

aus, inwiefern amerikanische Populärkulturimporte in der Adenauerzeit am Rande des kulturellen Hauptstroms blieben. Dann
mache ich unter den Stichworten „Leute beobachten" und „ästhetische Präsentifizierung" einen Vorschlag, wie man Filme als Im-
pulse zu sozialem Wandel lesen kann. Das wird exemplifiziert am
Heimatfilm, und abschließend kommt noch einmal der Schlager zu
seinem Recht, diesmal allerdings als Genre der Beheimatung.

„Schwacher Dissens"?

In der Forschung zu politischen Dimensionen populärer Kultur
macht gerade ein Begriff des kreativen Soziologen Rainer Paris
Karriere: der „schwache Dissens".[6] Angewandt wird er unter anderem auf die herausfordernden Jugendkulturen der 1950er, auf
Halbstarke, Exis, Jazzfans.[7] Um unterschiedliche Genres populärer
Musik herum bildeten sich hier Szenen und Subkulturen, deren
Handeln (eher mittelbare) politische Effekte zeitigte. „Schwacher
Dissens" meint, dass diese Gruppen durch demonstrative Verweigerung und Normabweichung sowie durch das Sich-Heraus-
nehmen von Freiheiten, im Kern also durch symbolische Herausforderung, gegen den status quo protestierten. Diese Lesart liegt
mit ihrem praxeologischen Akzent nahe bei der Perspektive, unter
der im ersten Vortrag die Kampagnen gegen den Schlager betrachtet wurden: Populärkultur wird politisch durch Handlungen, die sie
zum Ausgangs- und Bezugspunkt nehmen.
Dennoch kann das Konzept des schwachen Dissenses in einem
Punkt nicht befriedigen. Es folgt im Grunde einem binären Modell.
Danach gibt es einen dominanten Konsens, eine herrschende Ord-

---

6   Rainer Paris: Schwacher Dissens. Kultureller und politischer Protest. In:
     Roland Roth/Dieter Rucht (Hg.): Jugendkulturen, Politik und Protest. Vom
     Widerstand zum Kommerz? Opladen 2000, S. 49-62.
7   Vgl. etwa Kurme 2006, S. 282-298.

nung, und die wird durch symbolische Verweigerung und Opposition geschwächt, delegitimiert. Der Ansatz lässt sich zwar gut verknüpfen mit dem Konzept einer Fundamentalliberalisierung als Lernprozess, der seit den späten 1950ern die bundesdeutsche Gesellschaft fit machte für die Bewältigung der Hochmoderne, wie das Ulrich Herbert entwickelt hat.[8] Doch hat das Modell „schwacher Dissens" in diesem Zusammenhang eine Schwäche: Es arbeitet mit einem rein negativen Begriff von Liberalisierung, versteht sie *nur als Abbau* von unhaltbaren Verboten, Einschränkungen, Vorschriften. Was auf diese Weise aber nun möglich oder gar erlaubt wird, wie die neu eroberten Handlungsräume substanziell genutzt werden – das bleibt in der Negativformel vom Dissens unbestimmt.

Deswegen geht sie wohl auch am Selbstverständnis der großen Mehrheit vorbei, die in der Adenauerzeit die Abwendung von Pflicht- und Akzeptanzwerten und die Hinwendung zu Selbstverwirklichungswerten einleitete; Helmut Klages und Heiner Meulemann haben das detailliert beschrieben.[9] Aus der Alltagsperspektive des Durchschnittsbürgers ging es aber nicht um Dissens, sondern um konkrete positive, erstrebenswerte Ziele – Ziele, die in veränderten Legitimitätsmustern gründeten und so auch den Raum

---

8   Vgl. Ulrich Herbert: Liberalisierung als Lernprozess. Die Bundesrepublik in der deutschen Geschichte – eine Skizze. In: Ders., Wandlungsprozesse, S. 7-49.

9   Vgl. Helmut Klages: Wertorientierungen im Wandel. Rückblick, Gegenwartsanalyse, Prognosen. Frankfurt/M. 1984; Heiner Meulemann: Wertwandel in der Bundesrepublik zwischen 1950 und 1980: Versuch einer zusammenfassenden Deutung vorliegender Zeitreihen seit den späten 1950ern. In: Dieter Oberndörfer/Hans Rattinger/Karl Schmitt (Hg.): Wirtschaftlicher Wandel, religiöser Wandel und Wertwandel. Folgen für das politische Verhalten in der Bundesrepublik Deutschland. Berlin 1985, S. 391-411; Ders.: Werte und Wertewandel. Zur Identität einer geteilten und wieder vereinten Nation. Weinheim 1996. Überblicke bei Schildt 2007, Sozialgeschichte, S. 100 f, 143 f; Wolfrum 2005, Bundesrepublik, S. 319-329.

politischer Orientierungen und die Maßstäbe für Forderungen an die Gesellschaft veränderten. Mit der Entfaltung der Pluralität *legitimer* Lebensformen änderten sich Hoffnungen und Erwartungshorizonte, soziale Hinnahmebereitschaft und politische Ansprüche. Millionenfacher Griff nach erweiterten Daseinsmöglichkeiten, zuerst mental, dann material – so wird in dieser Studie politischer Wandel gefasst.[10]

Was Populärkultur in diesem Kontext leistet, möchte ich als sinnliche[11] Moderation von Pluralisierung bezeichnen: Bestimmte populäre Genres stellen mögliche Lebensformen und Handlungsoptionen vor die Sinne. Auch das kann selbstverständlich verunsichern und wie eine Provokation beantwortet werden; das haben wir am Schlager der Zwischenkriegszeit gesehen, und Skandalisierungen von der *Sünderin* 1951 bis zum Bildschirmbann gegen Kortners *Lysistrata* 1961 belegen diesen Effekt für die Adenauerzeit. Und deswegen – ganz schematisch aus der Perspektive der Alltagsakteure gedacht – gehört komplementär zum Vorstellen neuer Optionen das Vermitteln von Bestätigungen und Sicherheiten, die den Rücken frei halten und das gefühlte Risiko beim Zugriff auf Neues erträglich machen. Die erste Rolle – Pluralität sinnlich präsentieren – übernimmt in diesem Aufsatz der gern als stockkonservativ abgestempelte Heimatfilm, die zweite – Sicher-

---

10 Das Argument zielt in die gleiche Richtung wie die große Studie Detlef Siegfrieds, der für die 1960er Konsum und Popmusik als Impulsgeneratoren für politischen Wandel unter den Jüngeren herausgearbeitet hat; vgl. Detlef Siegfried: Time Is on My Side. Konsum und Politik in der westdeutschen Jugendkultur der 60er Jahre. Göttingen 2006.

11 Im Sinne der Baumgartenschen Definition von Ästhetik als sinnliche Wahrnehmung und Erkenntnis könnte man hier auch von ästhetischer Moderation sprechen. Vgl. die instruktive Skizze bei Norbert Schneider: Geschichte der Ästhetik von der Aufklärung bis zur Postmoderne. Stuttgart 1996, S. 21-29.

heit vermitteln – der deutsche Schlager mit seiner stimmungsmodulierenden Fähigkeit zur symbolischen Beheimatung.[12]

Grenzen amerikanischer Populärkulturimporte

Bevor wir zum deutschen Mainstream kommen, zunächst ein paar empirische Hinweise darauf, wie vergleichsweise randständig jene Populärkulturtransfers aus den USA waren, in deren Gebrauch sich der „schwache Dissens" manifestieren konnte. Halbwegs verlässliche Daten für die Nachfrage nach populärer Musik gibt es für die Jahre 1956 bis 1962.[13] Unter den 20 erfolgreichsten Hits in jedem Jahr, insgesamt also 140 Titeln, finden sich zwar jede Menge Stücke US-amerikanischer Komponisten, aber insgesamt nur 14 amerikanische Gesangstitel im Original. Gerade einmal drei davon schafften es unter die 60 Nr. 1-Hits der sieben Jahre, und nur fünf der 14 US-Titel lassen sich überhaupt mit gutem Willen zum Sound des „schwachen Dissens" zählen, fünf viel gehörte Musikstücke in sieben Jahren.[14] Elvis Presley, das ist symptomatisch, schaffte es erst 1960 und 1961 unter die Top 20 – mit seinen sanften, auf sehr „deutsche" Weise nach Möchtegern-Tenor klingen-

---

12 Grundlegend dazu Julio Mendívil: Ein musikalisches Stück Heimat. Ethnologische Beobachtungen zum deutschen Schlager. Bielefeld 2008.

13 Die folgenden Zahlen stammen aus: Hit Bilanz. Deutsche Chart Singles 1956-1980. Hamburg 1990. Sie beruhen auf nicht weiter spezifizierten Erhebungen von *Taurus Press* und der Zeitschrift *Musikmarkt* und decken sich weitgehend mit anderen, ähnlich ausgewiesenen Quellen; vgl. Der Musikmarkt: 30 Jahre Single Hitparade. Die Jahres-Single-Hitparaden vom 20. Dezember 1959 bis 15. Dezember 1988. Starnberg 1989; http://www. charts-surfer.de/musikcharts1024.htm [27. 5. 2009]; http://www.mix1.de/ charts/hit50.htm [27. 5. 2009].

14 *Rock around the clock* (Bill Haley and his Comets, 1956); *Buona Sera* (Louis Prima, 1958); *Diana* (Paul Anka, 1958); *Lonely Boy* (Paul Anka, 1959); *Ya Ya* (Joey Dee, 1962).

den Versionen von *O sole mio* und *Muss i denn (zum Städtele hinaus)*.
Unter den jeweils zehn erfolgreichsten Filmen der Jahre 1950/51
bis 1962/63,[15] insgesamt also 130 Streifen, waren 23 aus Hollywood; keiner von ihnen schaffte es auf den ersten Platz. Dem stehen 75 deutsche und 18 österreichische Erfolgsfilme[16] gegenüber.
Um die Zahlen angemessen zu interpretieren, müssen wir allerdings noch genauer fragen: Welche Art von US-Filmen sprach
wirklich das deutsche Massenpublikum an, und was unterschied
sie von den deutschen Kassenschlagern? In diesem Punkt kann
man sich wahrscheinlich dem Urteil des Filmhistorikers Joseph
Garncarz von der Hegemonie des etablierten einheimischen Kinogeschmacks anschließen: Bis zum Anfang der 1970er „selektierte
das deutsche Publikum amerikanische Filme nach Standards, die
von den deutschen Filmen gesetzt wurden."[17] Zugespitzt: UFA-
Ästhetik bestimmte den Mainstream noch über das Ende der Adenauerzeit hinaus. Unter den 23 erfolgreicheren Hollywoodstreifen
der betrachteten 13 Jahre waren gerade einmal zwei, die wir mit
dem schwachen Dissens der entstehenden Jugendkulturen in Verbindung bringen können.[18]
Ich möchte sogar vorschlagen zu prüfen, ob die Dominanz herkömmlicher ästhetischer Standards im deutschen Publikum nicht –
mutatis mutandis – auch gegenüber populärer Musik wirkte. Eini-

---

15 Angaben nach Joseph Garncarz: Hollywood in Germany. Die Rolle des
    amerikanischen Films in Deutschland: 1925-1990. In: Uli Jung (Hg.): Der
    deutsche Film. Aspekte seiner Geschichte von den Anfängen bis zur Gegenwart. Trier 1993, S. 167-213, hier S. 200-204.
16 Zur Bedeutung österreichischer Produktionen für das deutsche Filmpublikum vgl. Mary Wauchope: The Other ‚German' Cinema. In: John E.
    Davidson/Sabine Hake (Hg.): Take Two. Fifties Cinema in Divided Germany. New York u.a. 2007, S. 210-222.
17 Garncarz, S. 168.
18 *... denn sie wissen nicht, was sie tun* (1955/56); *Außer Rand und Band*
    (1956/57).

ges spricht dafür, selbst unter den Jugendlichen bis zum Beginn der 1960er eine Hegemonie des überkommenen Schlagergeschmacks anzunehmen: Wirklich breit erfolgreiche Importe aus den USA waren ohne Mühe mit dem heimatlichen und beheimatenden deutschen Populärmusikidiom zu vereinbaren. Dafür spricht unter anderem der hohe Anteil deutscher Adaptionen von US-Hits in den BRD-Charts. Immerhin stammte nach einem groben Überblick rund ein Drittel der deutschsprachigen Schlager und der Instrumentaltitel in den bundesdeutschen Top 20 seit dem Beginn der 1950er aus den Federn amerikanischer Komponisten.[19]

Vielschichtigkeit von (Film-)Rezeption

Wie hoch wir auch immer den Einfluss amerikanischer Populärkultur bei ihren Fans in der Adenauerzeit ansetzen werden – es handelte sich um relativ kleine Gruppen, nicht um das große Publikum. Für die Erklärung von Wandel, für den Übergang von der Orientierung an Pflicht und Akzeptanz zu Selbstverwirklichung und Lebensgenuss in der Breite der Bevölkerung lohnt es sich, ja es ist nötig und überfällig, den Mainstream der populären Kultur[20]

---

19 Es handelte sich zumeist um sentimentale und musikalisch für deutsche Ohren nicht (mehr) befremdlich klingende Mainstreamschlager oder Country&Western-Erfolge. Allerdings ist das Argument plausibel, dass bei der Adaption die Integration ins je aktuelle semantische Feld des deutschen Schlagers eine tragende Rolle spielte; so wurde etwa der US-Hit *Memories are made of this* (1955) als *Heimweh* in der Version Freddy Quinns 1956 einer der größten Nachkriegserfolge (vgl. Mendívil, S. 282-288). Für weitere Beispiele erfolgreicher Eindeutschung vgl. Monika Sperr: Schlager. Das Große Schlager-Buch. Deutsche Schlager 1800 - Heute. München 1978, S. 240, 259, 261, 264, 271, 274, 278, 282, 283, 284.

20 Zur Debatte um die Kategorie Mainstream vgl. am Beispiel des Films Irmbert Schenk u. a. (Hg.): Experiment Mainstream? Differenz und Uniformierung im populären Kino. Berlin 2006.

daraufhin zu befragen, ob und was er beigetragen hat zu Liberalisierung und Pluralisierung der Lebensweisen. Genauer ist zu untersuchen, was Teile des Publikums hier entnehmen konnten, um je individuell den Raum der wahrgenommenen, erwogenen und letztlich praktisch umgesetzten Handlungs- und Genussmöglichkeiten zu erweitern und damit den Horizont des gesellschaftlich Normalen[21] zu verschieben – und zwar, das macht Mainstream aus, nicht als gelebte Opposition am Rand, sondern in der millimeterweisen, taubenfüßigen Verschiebung dessen, was in der „Mitte" als legitim galt und im sozialen Nahraum keine wirklich bedrohliche Missbilligung hervorrief.

Dazu scheint es angebracht, unser Verständnis von Rezeption – Filmrezeption – zu erweitern und insbesondere dem Publikum und seinen eigensinnigen Aneignungen eine weitaus größere Freiheit zuzugestehen, als Historiker und Sozialwissenschaftler das bislang tun, wenn sie beispielsweise Filme sozialhistorisch interpretieren. Etwas boshaft formuliert, praktizieren die meisten dieser Studien ein Modell der Werkanalyse, wie man es in der Schule, im literatur- oder kunstwissenschaftlichen Seminar lernt. Es geht dabei um das Opus als Ganzes, um die in das Narrativ eingeschriebene Vorzugslesart der tragenden Handlungslinie, teilweise ergänzt durch die Akzente, die uns Kamera, Schnitt, Musik usw. nahe legen. Nun wissen aber Kulturwissenschaftler spätestens seit Stuart Halls Aufsatz zu Encoding und Decoding: Die *präferierte* Lesart der Autoren ist nicht identisch mit der *realisierten* Lesart der verschiedenen Rezipientengruppen.[22] Man könnte das übrigens auch aus der eigenen Praxis als Kulturnutzer lernen: Unsere Urteile, unsere Eindrücke stimmen keineswegs notwendig überein mit den Akzenten, die der Künstler setzt; was uns beeindruckt, was wir erinnern, was

---

21 Zu Normalität und Normalisierung vgl. Jürgen Link/Thomas Loer/Hartmut Neuendorff (Hg.): „Normalität" im Diskursnetz soziologischer Begriffe. Heidelberg 2003.
22 Vgl. Kapitel 1, Anm. 10.

Angst oder Begehren weckt, das sind oft einzelne Handlungen und Haltungen, Interieurs und Erfahrungen, weitgehend abgelöst vom Stellenwert, den sie in der erzählten Geschichte haben. Und schließlich wissen Historiker der Jugendkultur seit längerem: Alle sogenannten Jugendproblemfilme der 1950er wollten genau vor den Verhaltensmustern warnen, die nicht wenige Halbwüchsige entgegen dieser Intention mit Begeisterung wahrnahmen, aus dem Kontext der negativen Darstellung herausgriffen und wenn möglich in ihre Lebenszusammenhänge einbauten – um „schwachen Dissens" zu praktizieren.

Leute beobachten

Die alltagsintegrierte Aneignung populärer Kunst unterscheidet sich von der Seminardebatte wesentlich durch ihren heterogenen, geschichteten, multiperspektivischen Charakter. „Lesen heißt Wildern", hat Michel de Certeau formuliert,[23] und das gilt mutatis mutandis auch für die Filmlektüre der Alltagsmenschen (im Unterschied zu professionellen Lesern).[24] Man folgt dem Erzählfaden, und doch können jede Person und jede Szene des Films ihren eigenen Reiz entfalten; was genau die tiefer gehenden Eindrücke ausmacht, das hängt ab von individuellen Erfahrungen und Dispositionen und wechselt situativ. Eine Figur, die ich auf der Ebene des Plots ablehne und deren Handeln mir vielleicht – im ästhetischen Modus des „als ob" – Angst einflößt, kann in einzelnen Szenen so handeln, wie auch ich es gerne täte, und Dinge benutzen, die ich gerne hätte. Unkontrollierbarkeit, Offenheit für den Eigensinn des

---

23 Michel de Certeau: Kunst des Handelns. Berlin 1988, Kapitel XII, S. 293-311.

24 Zur Bedeutung dieses Unterschieds für ästhetische Erfahrung im Alltag vgl. Kaspar Maase (Hg.): Die Schönheiten des Populären. Ästhetische Erfahrung der Gegenwart. Frankfurt/M. 2008.

Rezipienten – das ist das Risiko sinnlich eindrucksvoller und vorrangig in Bildern sprechender Kunst.
Das Argument kann an dieser Stelle nur kurz mit einigen Gedanken des britischen Kulturwissenschaftlers John Hartley unterlegt werden. Seine grundlegenden Analysen zu Nutzung und Bedeutung des Fernsehens in sich pluralisierenden modernen Gesellschaften geben fruchtbare Anregungen, um populäre Filme nach ihrer Rolle beim kulturellen Wandel der Adenauerzeit zu befragen. Die Stichworte Hartleys, die in diesem Zusammenhang besonders anregend sind, lauten „cross-demographic communication" und „'people-watching'".[25] Dahinter steht die Auffassung, das Fernsehprogramm stelle ein erstrangiges Medium der Kommunikation über soziale Grenzen hinweg dar. Aus seinen Sendungen entnähmen unterschiedliche Gruppen der Bevölkerung bedeutsame Informationen darüber, wie andere Gruppen leben und denken. Das Fernsehen fungiere als spezieller Vermittler sozialen Wissens, „teaching different segments of the population how others look, live, speak, behave, relate, dispute, dance, vote, decide, tolerate, complain".[26]
In der Ära vor dem Fernsehen als Massenmedium, und dazu gehören die 1950er in Deutschland gewiss noch, war der erzählende Film (weil er Bilder lieferte) vermutlich das wichtigste Mittel dieser anschaulichen Wahrnehmung des Sozialen über Milieugrenzen hinweg. Er bildete, hier kommt der andere Hartley-Begriff ins Spiel, eine wesentliche Quelle des Leute-Beobachtens; man schaute auf die Leinwand auch, um Vergleiche mit den Verhältnissen und dem Handeln anderer Leute anzustellen und vielleicht etwas

---

25 Ich beziehe mich besonders auf Kap. 12 „Democratainment. Television and cultural citizenship" in: John Hartley: Uses of Television. London 1999, S. 154-165.
26 Ebd., S. 155.

zu übernehmen.[27] Die Auswirkungen sind durchaus nicht eindeutig. Auf diese Weise hat das Kino gewiss *soziale Angleichung* befördert, indem es Stoff lieferte für die Ausbildung postnationalso-
zialistischer, auf eine „nivellierte Mittelstandsgesellschaft"
(Schelsky) zielender „Normalität"; was aus dem „Stoff" gemacht
wurde, hing allerdings entscheidend davon ab, wie sich im konkreten Umfeld Anpassungsdruck und Offenheit mischten.

Zugleich konnten Film-Bilder auch zur *kulturellen Differenzierung*
beitragen – zumindest bei denen, die in ihrer Situation offen waren
für die Übernahme neuer Elemente der Lebensführung und des
Lebensstils;[28] gegenwartsorientiertes Erzählkino diente als Medium der Individualisierung, „preparing populations for difference,
mobility and change".[29] Diese Lesart konvergiert – allerdings aus
alltagsnaher Perspektive und ohne kulturkritische Vorzeichen –
mit den zivilisationsphilosophischen Bestimmungen der „Massenkultur" durch Michael Makropoulos. Er sieht die modernen Weisen von Vergnügen und Konsum, die im letzten Drittel des 20.
Jahrhunderts hegemonial geworden seien, als Promotoren einer
„Kultur des ‚Möglichkeitssinns'";[30] befördert würden eine
„Entgrenzung der individuellen und kollektiven Erwartungen" und
eine „Fiktionalisierung des Selbstverhältnisses".[31] Makropoulos'
zentrale Deutung ist die der Massenkultur als „Kontingenzkul-
tur"[32] mit der grundlegenden Einstellung: Alles, nicht zuletzt das
eigene Leben, könnte auch anders sein. Es scheint plausibel, dass
bei dieser grundlegenden Öffnung des Horizonts der Optionen die
sinnlich präsenten Bilder und Weltausschnitte des erzählenden

---

27   „ ... a major source of ‚people-watching' for comparison and possible emu-
     lation" (ebd.).
28   Vgl. ebd., S. 159.
29   Vgl. ebd., S. 165, Zit. S. 181.
30   Michael Makropoulos: Theorie der Massenkultur. München 2008, S. 10.
31   Ebd., S. 11.
32   Ebd., S. 10.

Films eine wichtige Rolle spielten konnten – insbesondere, wenn sie anschaulich Gegenwartsverhältnisse vorführten, die vom Leben im eigenen Sozialraum abwichen.

Abb. 1: Szenenfoto aus *Ja ja, die Liebe in Tirol* (1955).

Ästhetische Präsentifizierung

Wir sind hier ganz weit weg von der Dimension des Protests, in der die Kräfte des Wandels bisher vor allem gesucht wurden. Im Blick auf den Mainstreamfilm der Fünfziger verweisen Hartleys Thesen auf eine Wirkungsdimension populärer Künste, die man ästhetische Präsentifizierung nennen kann: Eindrücklich vor die Sinne gestellt wurden Handlungen, Lebensformen, Güter, die gesellschaftlich debattiert und umstritten waren. Eine derartige kulturwissenschaftliche Sicht, die Dinge und Szenen aus den hermeneutisch konstruierten Bedeutungszusammenhängen des Filmnarrativs löst und das scheinbar isolierte ästhetische Erleben von Präsenz fokussiert, wird seit einiger Zeit auch durch Überlegungen Hans Ulrich Gumbrechts zur „Kultur der Präsenz" ins Spiel gebracht.[33] Die „Wucht" der „materiellen Präsenz" von „Körpern und Dingen in Situationen ästhetischen Erlebens", verbunden mit der „Haltung einer größeren Offenheit für die umgebende materielle Welt"[34] – was Gumbrecht mit diesen Worten an der Präsenzkultur der Sportzuschauer heraushebt, lässt sich auch, mutatis mutandis, auf eine präsentistische Perzeption von Filmbildern übertragen, die Sinnzuschreibungen dispensiert und sich in Glück und Genuss „schöner" Dinge und Handlungen verliert.

Die konservative Angst vor sinnenhaft anschaulichen Darstellungen dessen, was man für böse und schädlich hält, ist durchaus begründet; es ist leichter zu sagen „Ich will mein Herz nicht an teure, vergängliche und verzichtbare Dinge hängen" als sich den filmisch präsenten Reizen einer luxuriösen Wohnung, sonnenüberglänzter Urlaubslandschaften oder eines „rassigen" Sportcoupés zu entziehen. Es ist eines, als Ehefrau Argumenten gegen weibliche Berufstätigkeit zuzustimmen, und ein anderes, einer Frau zuzuschauen, die ihr selbstverdientes Geld nach eigenem Gusto für schöne Dinge ausgibt. Kommerzielle populäre Kunst, um diese Selbstverständlichkeit noch einmal ins Bewusstsein zu rufen, kann sich keine polemische Vereinseitigung leisten, wie sie Politiker oder Prediger vornehmen; sie will die ambivalenten Empfindungen, die divergierenden Wertungen und das unterdrückte Begehren eines möglichst breiten Publikums bedienen, zumindest aufgreifen. Die Lesart, die auf der Ebene des tragenden Erzählstrangs nahegelegt

---

33 Vgl. Hans Ulrich Gumbrecht: Diesseits der Hermeneutik. Über die Produktion von Präsenz. Frankfurt/M. 2004.
34 Ders.: Lob des Sports. Frankfurt/M. 2005, S. 36, 37.

wird, soll Raum lassen auch für Sichtweisen und Wünsche der Minderheiten, die sich in der allgemeinen Botschaft des Werks nicht wiederfinden.[35] Schlichter formuliert: Was Zuschauer im Kino der Adenauerzeit sahen, hörten, empfanden und im Anschluss vielleicht reflektierten, war um Dimensionen vielschichtiger als die Film-Interpretationen sozialhistorischer Aufsätze. Der präsentistische Akzent auf dem Erleben von Materiellem konvergiert mit der wachsenden Aufmerksamkeit der Historiker für Entwicklungen, die mit dem Etikett „Konsumgeschichte" vermutlich zu eng gefasst und in ihrer sozialen Wucht heruntergespielt werden. Wünsche, das Leben angenehmer, leichter, farbiger, reizvoller, sinnlich schmeichelnd – eben „schöner" einzurichten,[36] gehörten im 20. Jahrhundert zu den elementaren Faktoren, die Massen in die politischen Entwicklungen der Massendemokratie[37] hereinzogen. Und die Veränderungen in Verhalten, Erwartungen, Habitus, die mit dem Hineinwachsen in die Rolle des Konsumenten-Bürgers und mit den komplexen Erfahrungen des „Konsumierens" verbunden waren, haben die gesamte Sozialkultur der modernen westlichen Gesellschaften zunehmend geprägt.[38] Deshalb

---

35 Das hebt Johannes von Moltke gerade am Heimatfilm der Adenauerzeit hervor. Er spricht von einer bewusst angelegten Polysemie der visuellen Texte mit dem Ziel, ein möglichst großes Publikum zu gewinnen; vgl. Johannes von Moltke: No Place Like Home. Locations of Heimat in German Cinema. Berkeley u.a. 2005, S. 92.

36 Das ist ein Grundgedanke des Konzepts der Erlebnisgesellschaft; vgl. Gerhard Schulze: Die Erlebnisgesellschaft. Kultursoziologie der Gegenwart. Frankfurt/M. 1992. Vgl. dazu mit dem Fokus auf ästhetischen Bedürfnissen als Massenbedürfnissen Anm. 24.

37 Grundlegend dazu Panajotis Kondylis: Der Niedergang der bürgerlichen Denk- und Lebensform. Die liberale Moderne und die massendemokratische Postmoderne. Weinheim 1991.

38 Vgl. etwa die Beiträge in: Heinz-Gerhard Haupt/Claudius Torp (Hg.): Die Konsumgesellschaft in Deutschland 1890-1990. Ein Handbuch. Frankfurt/M. 2009, die sich insgesamt zu einer veritablen Alltags- und Mentalitätsgeschichte zusammenfügen.

ist es vielleicht erlaubt, im Folgenden an den Erfolgsfilmen der Adenauerzeit aus dem breiten Spektrum möglicher Anstöße die ästhetische Präsentifizierung möglicher Konsumgegenstände als Beispiel für die Veränderungspotenzen des Leutebeobachtens herauszuheben.

Abb. 2: Filmplakat zu *Schwarzwaldmädel* (1950).

Heimatfilme und die Promotion von Pluralisierung

Das Mainstreamkino der Adenauerzeit soll exemplarisch veranschaulicht werden – für mehr ist hier kein Raum – an einem Genre, das noch bis in die 1990er als Inbegriff populärkulturellen Konservatismus galt: am Heimatfilm der fünfziger Jahre. Auch neuere Darstellungen der Geschichte der Bundesrepublik folgen der Lesart, hier habe eine biedermeierliche Realitätsflucht in „die Welt von Förstern, Wilderern und bodenständigen Bauern" stattgefunden;[39] das wird ergänzt durch ideologiekritische Urteile: „Der scheinbar so unpolitische Heimatfilm spiegelte und konservierte zugleich autoritätsbejahende Einstellungen";[40] er habe eine „heile Welt" gezeigt und durchgängig konservative Wertvorstellungen transportiert.[41]

Solche Interpretationen sind durchaus begründet und stützen sich auf einschlägige Studien vor allem aus den 1970ern und 1980ern.[42]

---

39   Dietrich Thränhardt: Geschichte der Bundesrepublik Deutschland. Erweiterte Neuausgabe. Frankfurt/M. 1996, S. 140.

40   Wolfrum, Bundesrepublik, S. 205.

41   Axel Schildt/Detlef Siegfried: Deutsche Kulturgeschichte. Die Bundesrepublik – 1945 bis zur Gegenwart. München 2009, S. 119.

42   Vgl. etwa Martin Osterland: Gesellschaftsbilder in Filmen. Eine soziologische Untersuchung des Filmangebots der Jahre 1949 bis 1964. Stuttgart 1970; Willi Höfig: Der deutsche Heimatfilm 1947-1960. Stuttgart 1973; Klaus Kreimeier: Der westdeutsche Film in den fünfziger Jahren. In: Dieter Bänsch (Hg.): Die fünfziger Jahre. Beiträge zu Politik und Kultur. Tübingen 1985, S. 283-305; Wolfgang Kaschuba (Hg.): Der deutsche Heimatfilm. Bildwelten und Weltbilder. Bilder, Texte, Analysen zu 70 Jahren deutscher Filmgeschichte. Tübingen 1989. Der Einordnung unter die restaurativen Tendenzen folgen auch noch Werner Faulstich/Helmut Korte (Hg.): Fischer Filmgeschichte Bd. 3: Auf der Suche nach Werten 1945-1960. Frankfurt/M. 1990, S. 23 f., sowie Jürgen Trimborn: Der deutsche Heimatfilm der fünfziger Jahre. Motive, Symbole und Handlungsmuster. Köln 1998. Eine kritische Historisierung dieser Lesarten versucht von Moltke 2005, No Place, insbes. S. 97 f. - Eine psychologisch differenzierende Perspektive auf das Erfolgsgenre entwickelt Gerhard Bliersbach: So

Im Laufe der achtziger Jahre mehrten sich jedoch Stimmen, die eine differenziertere Sicht einforderten und nach dem Beitrag von *Schwarzwaldmädel*, *Grün ist die Heide* oder *Die Fischerin vom Bodensee* zur Moderation von Pluralisierung in der Bundesrepublik der Adenauerzeit fragten.[43] Und die erste Gesamtdarstellung zum deutschen Heimatfilm von Johannes von Moltke grenzt sich definitiv von der Vorstellung eines wesenhaft antimodernen Genres ab; sie zielt auf ein dialektisches Verständnis der „place(s) of Heimat *in* modernity"[44] und versteht sie als Komplement von Moderne. Mit Alon Confino konstatiert der Filmhistoriker: Der Heimatfilm nach dem Zweiten Weltkrieg „glorifiziert die Vergangenheit und feiert Modernität";[45] er sucht den „Kompromiss zwischen ländlicher Tradition und verschiedenen Formen des ‚Neuen'".[46]

In vergleichbarer Perspektive hat die amerikanische Historikerin Heide Fehrenbach den Blick darauf gelenkt, dass im Genre auch Zukunftswünsche stimuliert wurden: „Heimatfilme held out a fantasy for the future. They showed what a *Wohlstandsgesellschaft* [...] would look like long before it became a reality for the broad

---

grün war die Heide ... . Der deutsche Nachkriegsfilm in neuer Sicht. Weinheim 1985. Einen ersten knappen Gesamtüberblick zum deutschen Heimatfilm gibt Manuela Fiedler: Heimat im deutschen Film. Ein Mythos zwischen Regression und Utopie. 2. Aufl. Alfeld 1997; sie liest die Streifen der 1950er als - grundlegend konservative - „genretypisch codierte Modelle zur Verarbeitung der Kriegsfolgen" (41).

43   Ein Überblick bei Nina Kim Leonhardt: Moderation von Moderne: Heimatfilme im Deutschland der 50er Jahre. Magisterarbeit Universität Tübingen 2006.

44   Von Moltke 2005, No Place, S. 12 (Hervorh. K.M.).

45   Alon Confino: The Nation as Local Metaphor. Württemberg, Imperial Germany, and National Memory, 1871-1918. Chapel Hill 1997, S. 121.

46   Von Moltke 2005, No Place, S. 69; ausgeführt wird dieser Zusammenhang v.a. in Kap. 5 des Bandes: „Nostalgic Modernization: Locating Home in the Economic Miracle".

German public."[47] Filmwissenschaftler wie Georg Seeßlen,[48] Irmbert Schenk[49] und andere[50] argumentieren: Der gesamte deutsche Unterhaltungsfilm der Adenauerzeit leistete einen wesentlichen Beitrag zur sozialen, kommunikativen Verarbeitung von „Modernisierung";[51] er erzählte Geschichten, in denen Menschen sich mit dem Neuen – der neuen Heimat, wirtschaftlichen Veränderungen, unbekannter Technik, den Erfahrungen erweiterter Mobilität, aber auch selbständigeren Frauen – so arrangieren, dass

---

47 Heide Fehrenbach: Cinema, Spectatorship, and the Problem of Postwar German Identity. In: Reiner Pommerin (Hg.): The American Impact on Postwar Germany. Providence 1995, S. 165-195, hier S. 184 f. Umfassender Dies.: Cinema in Democratizing Germany. Reconstructing National Identity after Hitler. Chapel Hill 1995, insbes. Kap. 5: „Popular Cinema, Spectatorship, and Identity in the Early 1950s".

48 Georg Seeßlen: Durch die Heimat und so weiter. Heimatfilme, Schlagerfilme und Ferienfilme der fünfziger Jahre. In: Hilmar Hoffmann/Walter Schobert (Hg.): Zwischen Gestern und Morgen. Westdeutscher Nachkriegsfilm 1946-1962. Frankfurt/M. 1989, S. 136-161, insbes. 143-155.

49 Irmbert Schenk: „Derealisierung" oder „aufregende Modernisierung"? Film und Kino der 50er Jahre in der Bundesrepublik. In: Ders. (Hg.): Erlebnisort Kino. Marburg 2000, S. 112-129.

50 Vgl. Goethe-Institut München (Hg.): Heimatfilme der fünfziger Jahre. Mit Beiträgen von Klaus Eder und Axel Schildt. München 2003; den Modernisierungsaspekt betont ebenfalls Johannes von Moltke: Location Heimat. Tracking Refugee Images, from DEFA to the Heimatfilm. In: Davidson/Hake, S. 74-90.

51 Das ist eine immer noch ebenso unverzichtbare wie weithin unterschätzte Grundfunktion der kommerziellen populären Künste. So lesen sich die Themen der sogenannten Kolportageromane im letzten Drittel des 19. Jahrhunderts wie eine Auflistung sozialer Gegenwartsprobleme aus der Alltagsperspektive der Menschen der sich industrialisierenden, urbanisierenden, demokratisierenden deutschen Gesellschaft; vgl. Günter Kosch/Manfred Nagl: Der Kolportageroman. Bibliographie 1850 bis 1960. Stuttgart 1993. Und auch die Schlagergeschichten von Sperr und André Port le Roi: Schlager lügen nicht. Deutscher Schlager und Politik in ihrer Zeit. Essen 1998, verfolgen diesen roten Faden.

(nach der intendierten Lesart!) im Kern der sozialen Ordnung alles beim Alten bleibt.

Diese historische Argumentation setzt allerdings ein abstraktes Durchschnittspublikum voraus, das sich aufmerksam mit Themen und Konflikten der Werke befasst; schon das ist mit Blick auf Mainstream und Kassenschlager keineswegs selbstverständlich. Und sie fragt nach dem Beitrag von Populärkultur zur mentalen *Verarbeitung* eines Wandels, der nach dieser Lesart in der Gesellschaft ohnehin stattfindet. Massenkünste sind hier gewissermaßen in einem Basis-Überbau-Modell gedacht. Modernisierung ist der Basisprozess; populäre Filme und Texte moderieren, wie Menschen sich mental mit diesen Entwicklungen arrangieren. Das ist eine durchaus produktive Fragestellung, aber kulturwissenschaftlich nicht die einzig sinnvolle. Von Moltke zeigt, dass die erwähnten Interpretationen mit ihrer Konzentration auf die (sprachlich wiedergegebenen) Handlungsfäden und Konflikte gerade die *Visualität der Filme vernachlässigen;*[52] die Heimatfilme der Adenauerzeit seien aber charakterisiert dadurch, dass sie eine große Anzahl von „visual attractions" präsentierten, die für die Handlung und deren Fortgang kaum oder gar nicht relevant seien. Nicht wenige Bilder und Tableaus gewönnen dabei eine „'spektakuläre' Qualität eigenen Rechts."[53]

Was oben über die eigensinnigen Rezeptionsfreiheiten des Zuschauers ausgeführt wurde, hat also durchaus eine Entsprechung in den Werken und deren relativ offener visueller Struktur. Der Befund legt die Untersuchung der Frage nahe, wie Bilder und Szenen

---

52 Von Moltke 2005, No Place, S. 83.

53 „... take on a ‚spectacular' quality in their own right"; ebd., S. 86. Für von Moltke trägt der Heimatfilm der 1950er mit seiner Betonung visueller Attraktionen sogar Züge jenes „cinema of attraction", die Tom Gunning (The Cinema of Attraction: Early Film, Its Spectator and the Avant-Garde. In: Wide Angle 8, 1986, S. 63-70) am frühen Kino herausgearbeitet hat; vgl. ebd., S. 85-89.

der Filme als *eigenständige* Kräfte (nicht als sekundäre, abhängige Überbaufaktoren) wirkten. Und im Folgenden konzentriere ich mich entsprechend auf die sinnliche Präsentifizierung gewandelter, (noch) minoritärer Lebensformen. Schlagwortartig verkürzt: Der Mainstream trug bei nicht nur zur Moderation, sondern darüber hinaus zur Promotion von Pluralisierung.

Cabrios

Das war kein Spezifikum der Adenauerzeit. Man kann durchaus die These vertreten: Moderation und Promotion von Pluralisierung gehörten bereits seit den 1920ern zu den tragenden Pfeilern jener deutschen Philosophie und Praxis des Unterhaltungsfilms, die unter dem Etikett UFA-Stil zusammengefasst werden; das kann man zum Beispiel der großen Studie von Klaus Kreimeier zur Geschichte der UFA entnehmen.[54] Dass der bundesdeutsche Nachkriegsfilm bestimmt wurde von der Entscheidung der westlichen Alliierten (insbesondere der Amerikaner), „mit den Leuten der alten Ufa zu kollaborieren"[55] – und damit anzuschließen an deren ästhetisches Know-how, künstlerisches Selbstverständnis und habitualisierte Rezepte[56] –, gibt daher nicht nur Anlass zur Frage

---

54 Klaus Kreimeier: Die UFA Story. Geschichte eines Filmkonzerns. München 1992.

55 Fritz Göttler: Westdeutscher Nachkriegsfilm. In: Wolfgang Jacobsen/Anton Kaes/Hans Helmut Prinzler (Hg.): Geschichte des deutschen Films. Stuttgart 1993, S. 171-210, hier S. 177.

56 Von einem „Spätufastil" spricht Hans-Peter Kochenrath: Kontinuität im deutschen Film. In: Wilfried von Bredow/Holger Zurek (Hg.): Film und Gesellschaft in Deutschland. Dokumente und Materialien. Hamburg 1975, S. 286-292, hier S. 286 f. Vgl. auch Klaus Kreimeier: Kino und Filmindustrie in der BRD. Ideologieproduktion und Klassenwirklichkeit nach 1945. Kronberg/Ts. 1973, S. 32-38; Ders.: Die Ökonomie der Gefühle. Aspekte des westdeutschen Nachkriegsfilms. In: Hoffmann/Schobert, S. 8-28; Hol-

nach problematischer Kontinuität oder gar Restauration (das tut es auch!);[57] das Faktum ist gleichermaßen zu betrachten auf seine Potenziale zur Moderation und Promotion von Pluralisierung hin – Potenziale, ich wiederhole es, die in der Ökonomik der auf ein heterogenes Massenpublikum zielenden Kulturindustrie begründet sind.

Abb. 3: Szenenfoto aus *Schwarzwaldmädel* (1950).

ger Theuerkauf: Goebbels' Filmerbe. Das Geschäft mit den unveröffentlichten Ufa-Filmen. Berlin 1998.
57 Vgl. jetzt zu den einschlägigen politisch-kulturellen Entwicklungen Schildt/ Siegfried (wie Anm. 41), Kap. I.2 und II.2, insbes. S. 132-140.

Das kann hier nur an einem Beispiel angerissen werden: *Schwarzwaldmädel*[58] von 1950; Regie: UFA-Altmeister Hans Deppe,[59] Drehbuch: UFA-Urgestein Bobby E. Lüthge.[60] Mit 16 Millionen Besuchern innerhalb von zwei Jahren erzielte *Schwarzwaldmädel* (der erste deutsche Farbfilm nach dem Krieg) einen der größten Kassenerfolge der Bundesrepublik. Wer mit dem Titel heute noch etwas verbindet, denkt an Tracht und Schwarzwaldhaus; viele würden vermutlich einverständlich nicken zu Hilmar Hoffmanns süffisanter Charakteristik des mit dem Schwarzwaldstreifen eröffneten Genres: eine „Einordnung als Gegenwartsprodukt [ist] nur dank der bisweilen auftauchenden Automobile und Omnibusse und der kürzeren Rocklänge möglich".[61] Doch das Urteil zeugt in erster Linie vom Vorurteil des Kritikers; viele Heimatfilme geizten nicht mit Attraktionen aus der modernen Waren- und Vergnügungswelt. Nicht nur, dass *Schwarzwaldmädel* mit einer Eisrevue, einem städtischen Maskenball und einer üppigen Tombola beginnt; der Film hat zumindest im ersten Viertel einen

---

58 Zum Film und seinem Kontext vgl. Ricarda Strobel: Heimat, Liebe und Glück: *Schwarzwaldmädel* (1950). In: Faulstich/Korte, S. 148-170; Micaela Jary: Traumfabriken made in Germany. Die Geschichte des deutschen Nachkriegsfilms 1945-1960. Berlin 1993, S. 59-67.

59 1897-1969; zur Biographie und Filmographie vgl. URL: http://de.wikipedia.org/wiki/Hans_Deppe [12.6.2009]; Kochenrath, S. 290; URL: http://www.imdb.com/name/nm0220131/ [12.6.2009].

60 1891-1964; Lüthge schrieb unter anderem die Drehbücher zu *Fridericus Rex* (1922), *Hitlerjunge Quex* (1932/33; mit Hans Deppe als Schauspieler) und der Militärklamotte *Mikosch rückt ein* (1952). Zur Biographie und Filmographie vgl. URL: http://de.wikipedia.org/wiki/Bobby_E._Lüthge [12.6. 2009]; Kochenrath, S. 291; URL: http://www.cyranos.ch/smluet-d.htm [12.6.2009]. Vgl. zu Deppe und Lüthge auch von Moltke, No Place, S. 78, 87.

61 Hilmar Hoffmann: 100 Jahre Film von Lumière bis Spielberg 1894 – 1994. Der deutsche Film im Spannungsfeld internationaler Trends. Düsseldorf 1995, S. 246.

weiteren Hauptakteur: ein nagelneues, in rot und schwarz glänzendes Ford Taunus Cabrio.

Sonja Ziemann in der Rolle der Bärbel Riederle gewinnt das Schmuckstück gleich zu Anfang der Geschichte bei der Tombola in Baden-Baden, und *sie* fährt mit offenem Verdeck, einzeln und frei, durch den frühlingsprangenden Schwarzwald. Das ist gar nicht einmal aus der Sicht der glücklichen Chauffeuse gezeigt, eher distanziert;[62] und Deutschlands Schönheiten im eigenen Wagen zu erfahren, war bekanntlich ein beliebtes NS-Motiv. Dennoch ist meine These: Wie immer die Geschichte verläuft, wie immer die ZuschauerInnen zu Tradition und Moderne, zu Stadt und Land und auch zur Frage standen, ob Sonja Ziemann nach der Heirat weiter arbeiten sollte – die Präsenz des Cabrios und der Fahrt entwickelte eine eigene Dynamik, und die schlug ganz gewiss auf der Seite der Öffnung für eine moderne Lebensauffassung mit hohem Stellenwert von Genuss und Selbstverwirklichung zu Buche.

Hilmar Hoffmann, der hochverdiente Wegbereiter des neuen deutschen Films, ist an dieser Stelle darauf hinzuweisen, dass in vielen Heimatfilmen „Automobile" nicht einfach unbedacht oder gar im Ergebnis inkonsequenter Regie zu sehen sind. Im Gegenteil: In nicht wenigen sind sie visuell höchst eindrucksvoll präsent – von „showcasing" und „conspicuous placement" spricht von Moltke[63] - , wenn sie auch für die Handlung selber meist keine tragende Rolle spielen. Das Sichaufrichten vieler Deutscher an der ökonomischen Leistung im „Wirtschaftswunder" schloss auch Begeisterung für und Faszination durch hinreißend gezeichnete Wohlstands- und Luxusmodelle der deutschen Autoindustrie ein.[64] Und die Dreh-

---

62 Die uninspirierte, allenfalls routinierte Regieführung Deppes ist mehrfach konstatiert worden.

63 Von Moltke 2005, No Place, S. 121.

64 Vgl. die Überlegungen von Alf Lüdtke zum Topos der „deutschen Qualitätsarbeit" und ihrer Visualisierung, etwa A. L.: „Deutsche Qualitätsarbeit", „Spielereien" am Arbeitsplatz und „Fliehen" aus der Fabrik: industrielle

buchautoren und Ausstatter der Mainstreamproduktionen trugen dem Rechnung. In *Ja, ja die Liebe in Tirol* (Regie: Geza von Bolvary, 1955) spielt ein Mercedes 190 SL Cabrio die Rolle des Hinguckers; in *Die Christel von der Post* (Regie: Karl Anton, 1956) übernimmt ein Borgward Isabella Coupé diese Aufgabe. Besonders häufig allerdings, folgt man den Analysen von Johannes von Moltke, scheinen Volkswagen Cabrios als Ikonen wirtschaftswunderlichen Lebensstils ins Bild gesetzt worden zu sein.[65] Gewiss sollte man den Beitrag von Mainstreamfilmbildern zum Wertewandel nicht überdimensionieren.[66] Doch trifft ein solcher

---

Arbeitsprozesse und Arbeiterverhalten in den 1920er Jahren. In: Friedhelm Boll (Hg.): Arbeiterkulturen zwischen Alltag und Politik. Wien 1986, S. 155-197; Ders.: „Deutsche Qualitätsarbeit" - ihre Bedeutung für das Mitmachen von Arbeitern und Unternehmern im Nationalsozialismus. In: Aleida Assmann u.a. (Hg.): Firma Topf & Söhne: Hersteller der Öfen für Auschwitz. Ein Fabrikgelände als Erinnerungsort? Frankfurt/M. 2002, S. 123-138; Ders.: Industriebilder - Bilder der Industriearbeit? Industrie- und Arbeiterphotographie von der Jahrhundertwende bis in die 1930er Jahre. In: Historische Anthropologie 1, 1993, S. 394-430. - Im französischen Film spielten nach der Mitte der 1950er Autos als Realsymbole der Modernisierung ebenfalls eine auffallende Rolle; vgl. Kristin Ross: Fast Cars, Clean Bodies. Decolonization and the Reordering of French Culture. Cambridge, Mass. 1995.

65   Von Moltke 2005, No Place, S. 88, 102, 120, 121-127, 130, 132. Eine systematische Analyse der rund 240 Heimatfilme des Jahrzehnts (Strobel, S. 150) auf derartige Ikonen, die gleichermaßen für einen Lebensstil wie für „deutsche Ingenieurleistung und Qualitätsarbeit" standen, wäre zu wünschen.

66   Dieser Aufsatz kann nicht belegen, welchen Einfluss und welches Gewicht „Leute beobachten" und die Präsentifizierung von Gütern und Handlungen in populären Filmen für den Wertewandel hatten, und vermutlich wird auch keine Studie auf breiterer Quellenbasis dies können. Das scheint auch kein sinnvoller Anspruch; kulturwissenschaftliche Argumentation kann Fragestellungen und vermutete Zusammenhänge plausibel, im Glücksfall evident machen. Selbstverständlich verkörperten Autos bereits in den Filmen der Zwischenkriegszeit eine Wohlstandslebensweise, an der der größte Teil des Publikums nicht teilhatte. Wie aber die Konnotationen für unterschiedliche

Einwand fast alle sozialen Wirkkräfte, die nicht auf physische Gewalt zurückgehen; deshalb kann er auch nicht als Argument für die Vernachlässigung dieser Perspektive dienen. Schließlich besteht eine der wichtigsten Leistungen von (Populär-)Kultur darin: Sie kann Dingen, die wir aus Gründen tun müssen, auf die wir keinen Einfluss haben, Sinn und sogar Attraktivität verleihen (im Volksmund: aus der Not eine Tugend machen). Weibliche Erwerbstätigkeit hatte in der Adenauerzeit zunächst ökonomische Gründe, und die fragten nicht, ob das für die einzelnen eine erstrebenswerte Lebensform war. Auf Dauer etablieren sich derartige Muster aber nur, wenn die subjektive Nutzenbilanz positiv ist – und da kommen dann doch wieder die selbständige Sonja Ziemann in ihrer schicken, farbigen, modernen Kleidung[67] und die Cabrios ins Spiel.

Komplementär: Beheimatung durch Schlager

Nachdem dies gesagt und die Kulturalismus-Gefahr des Hinwegredens über die *hard facts of life*[68] benannt ist, sei zum Schluss noch ein weiterer, auf ganz andere Weise politischer Beitrag der Mainstream-Populärkultur der Adenauerzeit angesprochen: Sie nährte das Gefühl der Sicherheit, des Beheimatetseins, das den

---

Generationen waren und wie fern oder nahe der eigenen Lebensperspektive das Auto welcher Zuschauergruppe erschien, dafür kann alltagshistorische Forschung Belege sammeln, die differenziertere und plausiblere Lesarten erlauben; vgl. etwa für das gebildete Bürgertum der Zwischenkriegszeit Andrea Wetterauer: Lust an der Distanz. Die Kunst der Autoreise in der „Frankfurter Zeitung". Tübingen 2007. Ziel dieses Kapitels ist allein, Argumente für die Verfolgung einer bisher nicht beachteten politischen Dimension populärer Filme vorzubringen.

67 Vgl. von Moltke 2005, No Place, 85.
68 Vgl. Wolfgang Kaschuba: Kulturalismus: Kultur statt Gesellschaft? In: Geschichte und Gesellschaft 20, 1994, S. 80-95.

Übergang zu neuen Optionen und die Anerkennung irritierender Lebensformen anderer entscheidend erleichterte. Im ersten Fallbeispiel war es die übermächtige Erfahrung von Unsicherheit und Statusbedrohung, die spielerische, unterhaltsame Grenzüberschreitungen zum Politikum machte. Genau entgegengesetzt haben wir uns die Rolle deutscher Schlager in der Adenauerzeit vorzustellen. Das Stichwort Beheimatung bezieht sich auf eine Studie des peruanischen Musikethnologen Julio Mendívil zu diesem Thema; sie greift einen neuen kulturwissenschaftlichen Ansatz auf. Danach ist Heimat nicht zu verstehen als ein Satz objektiver Gegebenheiten, der Gefühle des Zuhauseseins und einer lokal verankerten Identität hervorruft. Die Frage nach *Beheimatung* legt den Akzent auf Strategien und Taktiken von Menschen, sich aktiv eine solche Bindung an ihre Umwelt zu schaffen.[69] Und dabei kann entsprechender Umgang mit geeigneter Musik eine Hilfe sein.

Mendívil betrachtet Schlager nicht einfach als einen bestimmten Typ von Musikstücken und versucht daher nicht, das Genre rein werkästhetisch anhand bestimmter klanglicher Eigenschaften zu bestimmen; er vertritt einen praxeologischen und relationalen Ansatz, in dem Produzenten, Musiker, Vermittler, Medien und nicht zuletzt das Publikum an der Erzeugung des Phänomens „deutscher Schlager" mitwirken. Mendívil versteht darunter „ein Bündel von musikalischen Praktiken [...], die der Produktion und Reproduktion eines musikalischen Feldes innerhalb des deutschen Musikmarktes dienen".[70]

---

69 Vgl. Beate Mitzscherlich: „Heimat ist etwas, was ich mache". Eine psychologische Untersuchung zum individuellen Prozess von Beheimatung. Pfaffenweiler 1997; Beate Binder: Heimat als Begriff der Gegenwartsanalyse? Gefühle der Zugehörigkeit und soziale Imaginationen in der Auseinandersetzung um Einwanderung. In: Zeitschrift für Volkskunde 104, 2008, S. 1-17.

70 Mendívil 2008, S. 167 f.

Dieses Feld wird nicht nur durch Abgrenzung gegenüber dem bestimmt, was je zeitgenössisch in unterschiedlichen Gruppen und Situationen als E-Musik gilt (das ist fraglos grundlegend). Der *deutsche* Schlager wurde historisch (und wird bis heute) konstituiert durch die Spannung zu einer „internationalen", „kosmopolitischen"[71] – und deshalb zum schwachen Dissens disponierten – Variante unterhaltender Musik; als deren Repräsentanten galten spätestens seit den 1920ern zuvörderst US-amerikanische Künstler, Stile und Genres. Englisch gesungene Texte wirkten in diesem Kontext als effektive Grenzmarker (ähnlich wie synkopierte Rhythmen, farbige Künstler, Saxophon und Schlagzeug). Solche starren Scheidelinien und simplen Maßstäbe wichen aber bereits in der Adenauerzeit komplexeren und auch weniger eindeutigen Abgrenzungen. Als Elvis Presley 1961 zur Melodie des Volksliedes *Muss i denn* vom *Wooden Heart* sang und damit immerhin Platz 15 unter den meistverkauften Platten des Jahres belegte,[72] reichten die alten Kriterien bereits nicht mehr aus.

Ich habe darauf hingewiesen, dass seit dem Kriegsende viele deutsche Hörer des Mainstreams populärer Musik Titel aus der amerikanischen Hitfabrik *Tin Pan Alley* goutierten, die sie mit herkömmlichen Maßstäben einer beheimatenden Erfahrung vereinen konnten. Die Eindeutschung von Text und Arrangement erleichterte das; reine Musiktitel brauchten solche Hilfe nicht. Zugespitzt könnte man formulieren: Unter den neuen Verhältnissen populärmusikalischer Globalisierung entwickelten viele Hörer bald nach Kriegsende erweiterte Kompetenzen, um sanfte und sentimentale Stücke aus dem amerikanischen Repertoire in das Feld der musikbezogenen Praktiken zu integrieren, dessen Zentrum „deutsche Schlager" bildeten. Nicht integrierbar, herausfordernd im Sinne

---

71 Das sind natürlich subjektive Zuschreibungen für die mehrfach als Grenzen überschreitend wahrgenommene Populärmusik.
72 Hit Bilanz 1990, S. 360.

des schwachen Dissenses klang erst der Rock'n'roll[73] – den deutsche Medien bereits vorab ausgegrenzt hatten, bevor die meisten ihn überhaupt zu hören bekamen.[74]

Aber hier interessiert vor allem die Beheimatungsfunktion. Mendívil spricht von einer spezifisch konservativen, besser: konservierenden Qualität, die man Schlagern und ihrer Welt durch Kontrastierung mit den Herausforderungen der Jugendkultur, provokativer Bühnenshows oder Imaginationen von „Sex und Drogen" verlieh. So wurde es möglich, beim Besuch entsprechender Konzerte, beim Hören und auch in der Aneignung einschlägiger Medienberichte das Gefühl des vertraut und versichernd Heimatlichen, ethnisch-nationaler Zugehörigkeit und sozialer Geborgenheit zu erleben. Die Praktiken des Schlagers ermöglichten und ermöglichen das Erleben „einer der liberalen Moderne entgegengesetzten Welt, die in aller Ruhe [...] genossen werden kann."[75] Wichtig ist dabei der dynamische Charakter solcher Zuschreibungen: Nicht störrische und radikale Verweigerung alles Neuen dominiert, sondern immer auch dessen Umschreibung, so dass es „als hergebracht und gewöhnlich durchgeht", im doppelten Sinn des Wortes naturalisiert wird.[76]

Die Komplementärbeziehung zwischen Versicherung und Vergewisserung einerseits, dem subjektivem Ausgreifen in neue Lebensformen andererseits ist für die Populärkultur noch kaum erforscht.

---

73 Zur Geschichte des Boogie-Woogie als kulturelle Praxis in Nachkriegsdeutschland ist mir leider keine Studie bekannt. Einzelne Belege weisen darauf hin, dass es hier eher die Weisen des „wilden Tanzens" waren, die Widerstand hervorriefen; vgl. Astrid Eichstedt/Bernd Polster: Wie die Wilden. Tänze auf der Höhe ihrer Zeit. Berlin 1985. Auch verschiedene Jazz-Stile konnten in der Adenauerzeit als „Urwaldmusik" abqualifiziert werden; doch scheint erst Rock'n'roll zu einem nationalen Thema der Bundesrepublik geworden zu sein.

74 Vgl. Anm. 2.

75 Mendívil 2008, S. 272.

76 Ebd., S. 261.

So hat niemand untersucht, welche Musik außer Rock'n'roll und Jazz die opponierenden Jugendlichen der Adenauerzeit gehört haben; alle Forscher, den Verfasser eingeschlossen, waren auf der Suche nach dem Dissens. Gespräche mit Zeitzeugen (und eigene Erinnerungen)[77] lassen mich vermuten: Auch die halbstarken und coolen Jungs (ge)brauchten deutsche Schlager – insbesondere die sentimentalen Stücke jener Jahre. Sie brauchten die Lieder von Heimweh, Fernweh und unerfüllter Liebe, um ihre Erziehung der Gefühle zu komplettieren. Sie brauchten sie gleichermaßen, um sich als zugehörig zum Kollektiv der Deutschen zu fühlen, aus dem sie ja – auch das meint schwacher Dissens – nicht aussteigen wollten. Erst der starke, ideologisch stabilisierte Dissens der rebellischen Jugendkultur der Nachadenauerzeit schuf sich neue, oppositionelle Lebenswelten, die auch kulturell komplett alternativ tapeziert wurden.[78]

Die Komplementarität von Beheimatung und Ausgriff auf neue Lebensformen, von Versicherung der Zugehörigkeit und dem Anschluss an Konsum- oder Verhaltenspioniere galt in den 1950ern noch sehr viel stärker für die Masse der Westdeutschen, die es mit Blick auf Werte und Normen noch nicht einmal nach schwachem Dissens gelüstete – die aber „Leute beobachteten" und im Mainstreamfilm Ausschau hielten nach reizvollen (Elementen von) Lebensformen, die die Gesellschaft faktisch pluralisierten. Für beide kulturellen Praktiken, für Beteiligung am Wandel und für Beheimatung und Erzeugen des Gefühls von Sicherheit, boten populäre Künste Material. Unter manchen Aspekten kann man von

---

77 Die ersten beiden Schallplatten, die ich mir als Sohn aus bildungsbürgerlichem Elternhaus mit zehn Jahren vom eigenen Taschengeld kaufte, waren Harry Belafontes *Banana Boat Song* und Freddy Quinns *Heimweh* (von dem mir erst bei der Arbeit an diesem Aufsatz klar wurde, dass es die deutsche Version eines US-Hits ist – ebenso wie eine andere Sentimentalität jener Jahre, die ich bis heute im Ohr, und wohl nicht nur dort, habe: *Cindy, oh Cindy*).

78 Vgl. Siegfried 2000.

einer Art Arbeitsteilung zwischen den Genres sprechen; doch finden sich Angebote für beide Strategien innerhalb des selben Genres und sogar in den selben Werken, wie etwa im Heimatfilm: Schwarzwaldtracht und Cabrio. Wie das genauer funktionierte – in den Werken wie in der Nutzung – und wie es zusammenspielte mit den Impulsen aus der nichtmedialen Umwelt der Menschen, das dürfte ein lohnendes Forschungsthema sein.

Populärkultur, Massen und Demokratie im Deutschland des 20. Jahrhunderts

Im letzten Kapitel soll die politische Dimension der Populärkultur noch aus einer weiteren Perspektive thematisiert werden: in einem skizzenhaften Überblick, der nach den Verknüpfungen mit dem wechselvollen Verhältnis der Deutschen zur Demokratie fragt.[1] Dahinter steht die Grundannahme, dass die Geschichte der Massenkünste und -vergnügungen im 19. und 20. Jahrhundert nur angemessen zu schreiben ist, wenn man systematisch die massiven Widerstände und Bewegungen berücksichtigt, die gegen das kommerziell Populäre auftraten. Im deutschen Sprachraum jedenfalls stieß die Etablierung eines Massenmarktes für Kunst und Unterhaltung auf breite Opposition, die getragen war von höchst unterschiedlichen volkspädagogischen und politischen Motiven. Daraus ergab sich eine öffentliche Auseinandersetzung, die in der ersten Hälfte des 20. Jahrhunderts mit hoher Intensität geführt wurde.

Aus gesellschaftsgeschichtlicher Perspektive ist ja danach zu fragen, wie sich die Etablierung der modernen Massenkultur[2] auf

---

1   Dem Text liegt ein Aufsatz zugrunde, der unter dem Titel „Happy Endings? Massenkultur und Demokratie in Deutschland im 20. Jahrhundert" erschienen ist in: Angelika Linke/Jakob Tanner (Hg.): Attraktion und Abwehr. Die Amerikanisierung der Alltagskultur in Europa. Köln 2006, S. 137-160.

2   „Massen"- oder „Populärkultur" wird in diesem Beitrag definiert als verbreitete und im Gegensatz zur Hochkultur eingeordnete kommerzielle Kunst und Unterhaltung. Die politischen Veränderungen, die die Massen*medien* mit ihrer Schlüsselstellung für Wahrnehmung und Interpretation der sozialen Realität bewirkt haben, bleiben außer Betracht.

soziale Strukturen und Machtverhältnisse auswirkte. Dabei stellt man fest: Bestimmende Muster der Wahrnehmung und Deutung der neuen Phänomene wurden im Streit um „Schmutz und Schund", „Kitsch" und „Kolportage" eingeprägt. In diesem Konflikt entschied sich, welche Erwartungen und Ängste mit der Massenkultur verbunden wurden, welche Aufgaben man der Politik zuwies und wie man die Eignung unterschiedlicher Regimes beurteilte, mit den vermuteten Problemen fertig zu werden.

Das folgende Kapitel geht einer zentralen Frage aus diesem Zusammenhang nach. Der Streit um die Massenkultur verhandelte in zweifacher Hinsicht das Thema Demokratie. Zum einen wurde ein Bild des Publikums gezeichnet, das dessen Eignung zum Souverän der Massendemokratie in Zweifel zog. Zum anderen wurden Bereiche populärer Kunst und Vergnügen zu Symptomen einer am Liberalismus erkrankten Gesellschaft erklärt. Beide Diskurslinien konvergierten in einer autoritären, antirepublikanischen Tendenz.

Ich beleuchte zunächst unter diesem Blickwinkel ganz knapp mentale Voraussetzungen und Hinterlassenschaften des „Schundkampfs"[3] im deutschen Kaiserreich. Ich gehe dann mit einigen Beispielen auf die Auseinandersetzungen in der Weimarer Republik und in der frühen Bundesrepublik ein und frage nach Kontinuität und Wandlungen des antidemokratischen Impulses. Der Gegenstand bietet das Erzählmuster des „lieto fine" - moderner: des „happy ending" - an; so steht am Schluss die Vermutung, die „Normalisierung"[4] der Populärkultur gegen alle Stigmatisierungen sei vielleicht sogar positiv zu den wichtigen Demokratisierungsprozessen des 20. Jahrhunderts zu zählen.

---

3   So lautete die zeitgenössische, positive Eigenbezeichnung.

4   Durchaus im Sinne des Normalismus-Konzepts von Jürgen Link; vgl. Ders.: Versuch über den Normalismus. Wie Normalität produziert wird. Göttingen [3]2006.

Die soziale Konstruktion der Massenkultur

Populärkultur war derart umstritten, dass das in diesem Streit erzeugte und vermittelte Alltagswissen zunehmend vor die Sache selbst trat. Die Meinungsbildung darüber, was Massenliteratur und Kino, Schlager und populäre Imagerie in der Gesellschaft bewirkten und wie die Gesellschaft darauf antworten solle, wurde bestimmt von Bildern und Ängsten, Beispielgeschichten und Verallgemeinerungen, die die Parteien des Schundkampfes in Umlauf brachten. Dass das so war, hat allerdings einen Grund in der Sache selbst, genauer: im chimärischen Charakter des Phänomens, der andauernde Verständigungsbemühungen verlangte. „Massenkultur" war nie klar abgegrenzt, nie eindeutig zu bestimmen. Was man darunter verstand, musste immer neu gesellschaftlich ausgehandelt werden.

Auch intellektuelle Wortführer der Schunddebatte waren sich darüber im Klaren, dass der Gegenstand ihrer Attacken nur mit einem hohen Maß an Willkür eingegrenzt werden konnte.[5] Weder handelte es sich um ein Korpus von Werken mit spezifischen ästhetischen Eigenschaften (die Sittlichkeitsbewegung nahm Zola und selbst Goethe ins Visier) noch um die Kommunikate bestimmter Massenmedien (zweifelhaft waren auch Zugnummern der exklusivsten Varietés), weder um eine Warengattung besonderen Charakters (Lieferungsromane zählten ebenso dazu wie teure Jugendschriften renommierter Verlage) noch um geistiges Konsum-

---

5   „[...] wenn die Leser der Hintertreppenhefte einmal die Gegenfrage stellten, was dasselbe Bürgertum denn lese, das nun die schlechte Volksliteratur verfolgt [...]: so hätte dies Bürgertum wenig Grund zu stolzen Antworten und zu reinem Gewissen. Man braucht es bloß an die Romane zu erinnern, die seine Tagesblätter [...] bringen. Wer behauptet, dass sie sich von den Hintertreppenheften oft nur durch einen geringeren Umfang unterscheiden und durch eine zaghaftere, weniger geschickte Verwertung der Sensationen, der hat so unrecht nicht" (Friedrich v. der Leyen: Volksliteratur und Volksbildung. In: Deutsche Rundschau Bd. 157, 1913, S. 104-130, Zit. S. 126).

gut eines soziologisch eindeutig abgrenzbaren Publikums (das Kino fand schnell Liebhaber in allen Schichten). „Massenkultur" gab es nur als Gegenpol zu „Hochkultur" (das Binärmodell wurde nach 1900 ergänzt zur Dreierhierarchie, mit Unterhaltungs- oder Trivialkultur als mittlerer Ebene). Grenzen, Bedeutung und Bewertung mussten also in sozialer Debatte festgelegt werden.

Vom ausgehenden 19. Jahrhundert bis in die 1960er Jahre zeichnete sich die Auseinandersetzung durch drei Merkmale aus. Sie reichte in den Alltag der großen Mehrheit der Bevölkerung hinein; sie hatte eine ausgeprägt politische Komponente; sie transformierte den Disput über ästhetisch und moralisch fragwürdige Künste in Alltagswissen über „gesunde" und „kranke" Gesellschaftsverhältnisse und verwandelte ihn so in ein Instrument sozialer wie politischer Polarisierung.[6]

---

6   Für einen Überblick vgl. Rudolf Schenda: Schundliteratur und Kriegsliteratur. In: Ders.: Die Lesestoffe der Kleinen Leute. München 1976, S. 78-104; Georg Jäger: Der Kampf gegen Schmutz und Schund. Die Reaktion der Gebildeten auf die Unterhaltungsindustrie. In: Archiv für Geschichte des Buchwesens 31, 1988, S. 163-191; Petra Jäschke: Produktionsbedingungen und gesellschaftliche Einschätzungen. In: Klaus Doderer (Hg.): Zwischen Trümmern und Wohlstand. Literatur der Jugend 1945-1960. Weinheim 1988, S. 209-520; Georg Bollenbeck: Tradition, Avantgarde, Reaktion. Deutsche Kontroversen um die kulturelle Moderne 1880-1945. Frankfurt/M. 1999, S. 159-179; Kaspar Maase: Massenkunst und Volkserziehung. Die Regulierung von Film und Kino im deutschen Kaiserreich. In: Archiv für Sozialgeschichte 41, 2001, S. 39-77; Ders.: Die soziale Bewegung gegen Schundliteratur im deutschen Kaiserreich. In: Internationales Archiv für Sozialgeschichte der deutschen Literatur 27, 2002, 2, S. 45-123; Mirjam Storim: Ästhetik im Umbruch. Zur Funktion der 'Rede über Kunst' um 1900 am Beispiel der Debatte um Schmutz und Schund. Tübingen 2002; Patrick Major: "Smut and Trash": Germany's Culture Wars Against Pulp Fiction. In: Karl Christian Führer/Corey Ross (Hg.): Mass Media, Culture, and Society in Twentieth-Century Germany. Houndsmills 2006, S. 234-250; Esther Sabelus: Die weiße Sklavin. Mediale Inszenierungen von Sexualität und Großstadt um 1900. Berlin 2009.

Nicht nur die Rezeption von Populärkultur wurde um 1900 zunehmend in die Lebensführung der unterbürgerlichen Schichten integriert – auch das Aushandeln von Bewertungen und das Einprägen von Grenzziehungen fanden im Alltag statt. Das traf vor allem Kinder und Jugendliche: durch Warnungen, Kontrollen, Strafen, in der Schule und zu Hause, vor den Schaufenstern und im Kino. Auch kleine Papierwarenhändler, Leihbibliotheks- und Kinobetreiber wurden ständig und demonstrativ kontrolliert, überwacht, mit Anzeigen und Boykottdrohungen überzogen. Im und gegen den Kontext der Diskriminierung verfolgten die Nutzer der populären Künste ihr Vergnügen; sie versuchten, ihre Selbstachtung zu behaupten, Grenzen zu umgehen und zu verschieben, dominante Wertungen lächerlich zu machen, usw.[7]

Der Alltag der Auseinandersetzung um „gute" und „schlechte geistige Nahrung" war eng verknüpft mit Debatten auf nationaler Ebene. Alle Medien behandelten den Schutz der Jugend vor „Schund", lautstark wurde die Verteidigung des Volkstums z. B. gegen „frivole" französische Filme gefordert, Massenkultur war Gegenstand von Verwaltungshandeln und Gesetzgebung. Ein unsterbliches

---

7 Vgl. Kaspar Maase: Kinder als Fremde - Kinder als Feinde. Halbwüchsige, Massenkultur und Erwachsene im wilhelminischen Kaiserreich. In: Historische Anthropologie 4, 1996, 1, S. 93-126; Ders.: „Wilde Eindrucksvermittler" und „Verschwinden der Kindheit". Zur Kartographie der imaginierten Stadt im 20. Jahrhundert. In: Olaf Bockhorn/Gunter Dimt/Edith Hörandner (Hg.): Urbane Welten. Referate der Österreichischen Volkskundetagung 1998 in Linz. Wien 1999, S. 297-317; Ders.: Sphären des Wissens, Bühnen symbolischen Theaters, befreite Gebiete und die Unterwelt des Schundes. Die Massenkünste des wilhelminischen Kaiserreichs im Streit der Generationen. In: Sigrid Lange (Hg.): Raumkonstruktionen in der Moderne. Bielefeld 2001, S. 207-226; Ders.: Kinderkino. Halbwüchsige, Öffentlichkeiten und kommerzielle Populärkultur im deutschen Kaiserreich. In: Corinna Müller/Harro Segeberg (Hg.): Kinoöffentlichkeit (1895-1920) - Entstehung, Etablierung, Differenzierung / Cinema's Public Sphere (1895-1920): Emergence Settlement Differentiation. Marburg 2008, S. 126-148.

populäres Genre[8] verknüpfte Elitendiskurse und Alltagspraktiken. Die Presse mit Gerichtsmeldungen und vermischten Nachrichten, Predigten, Vorträge und Broschüren brachten *Exempelgeschichten* über die böse Macht der Massenkultur in Umlauf: Die Opfer handelten unter dem Einfluss von Verbrechererzählungen und Liebesdramen. Ausreißer, jugendliche Übeltäter und verführte Mädchen lieferten anschauliche Beweise. Die Angabe von Person, Datum und Ort, die Berufung auf Gerichtsverhandlungen und Professorengutachten machte die Beispiele unwiderlegbar. So transponierten Journalisten, Pfarrer und andere Schundkämpfer die Überzeugung der Juristen, Pädagogen und Jugendpfleger von der mimetischen Gewalt der populären Künste in Alltagsgespräche und Alltagswissen. Massenkultur wurde als Indikator für den Zustand der Nation gedeutet.

Der take-off der modernen Populärkultur im strengen Sinn setzte nach der Jahrhundertwende ein: mit neuen Medien, mit der Veralltäglichung eines vielfältigen Spektrums unterhaltender Künste – und mit der Radikalisierung der Gegnerschaft. Die damaligen Auseinandersetzungen haben die soziale Wahrnehmung der Massenkultur und der Möglichkeiten ihres Gebrauchs anhaltend geprägt. Der Prozess der Kultur ist, im Anschluss an Bourdieu, zu lesen als Auseinandersetzung über die Definition von Eigenschaften, Gegenständen, Alltagspraktiken, Geschmacksnormen in Beziehung zu anderen Kulturelementen – in Beziehungen, die immer auch solche von Macht und Herrschaft sind. Es geht um die höhere oder niedere Geltung von Lebensweisen, um die Ordnung der Diskurse, in denen solche Positionsbestimmungen überhaupt möglich sind, um kulturelle Hegemonie, um Anerkennung, Selbstanerkennung und Handlungsfähigkeit. Die Auseinandersetzung kann sich zuspitzen, wenn neue Gegenstände und Praktiken aufkommen,

---

8   Vgl. Kaspar Maase: Texte und Praxen. Populärliteraturforschung als historische Ethnografie. In: Schweizerisches Archiv für Volkskunde 97,2001, I, S. 43-51.

deren Platz in der symbolischen Ordnung der Gesellschaft, deren Charakter als Instrument der Ermächtigung oder Zeichen der Ohnmacht dem Phänomen noch einzuschreiben ist.

Das geschah nach der Jahrhundertwende mit den modernen populären Künsten. In den Auseinandersetzungen um ihre Deutung, die mit gleichermaßen handfesten wie symbolisch sprechenden Praktiken in die tägliche Erfahrung der „Massen" eingriffen, formte und veränderte sich *Massenkultur als bedeutungsvolle Lebenswirklichkeit*. Hier bildeten sich Muster der Wahrnehmung, Sinngebung und Aneignung, die die neuen Möglichkeiten recht eigentlich zum *Gegenstand für die Menschen* und damit zur sozialen Realität machten. Praktiken und Erfahrungen dieser Auseinandersetzung fügten dem lebensweltlichen Deutungsvorrat fraglose, vorwiegend negative Wahrnehmungs- und Reaktionsmodelle hinzu; so fand – wissenssoziologisch formuliert[9] – die soziale Konstruktion der Massenkultur statt.

Das hier entwickelte Verständnis von Massenkultur als kontingenter Kategorie des sozialen Wissens, deren Bedeutung in symbolischen und materiellen Praxen ausgehandelt wird, ist allerdings zu vermitteln mit der mentalitätshistorischen Betrachtung von Linien langer Dauer. Die Gegenbewegungen der beiden ersten Drittel des 20. Jahrhunderts führten Traditionen der Volkserziehung und der ästhetischen Dichotomisierung fort, die in die zweite Hälfte des 18. Jahrhunderts zurückreichen.[10] Misstrauen der Herrschenden gegen unkontrolliertes Wissen, kirchliche Säkularisierungsängste, Paternalismus und Selbstermächtigung der Bildungsschichten gegenüber dem „ungebildeten Volk" waren Kernbestände eines Dispositivs, das den unreglementierten Zugang der Unter-

---

9   Vgl. Peter L. Berger/Thomas Luckmann: Die gesellschaftliche Konstruktion der Wirklichkeit. Eine Theorie der Wissenssoziologie. Frankfurt/M. 1980.

10   Klassisch dazu immer noch Rudolf Schenda: Volk ohne Buch. Studien zur Sozialgeschichte der populären Lesestoffe 1770-1910. Frankfurt/M. 1970.

schichten zu symbolischen Gütern als Gefahr wahrnahm. Bürgerliche Volksbildung,[11] konservative „Volksschriften",[12] pädagogische Jugendschriftenkritik[13] und kirchliche Pastoralarbeit[14] verankerten das Nachahmungsparadigma,[15] die Topoi der moralischen Fragwürdigkeit von Fiktionalität und Phantasie[16] sowie das

---

11 Vgl. etwa Michael Knoche: Volksliteratur und Volksschriftenvereine im Vormärz. Literaturtheoretische und institutionelle Aspekte einer literarischen Bewegung. In: Archiv für Geschichte des Buchwesens 27, 1986, S. 1-130.

12 Klaus Müller-Salget: Erzählungen für das Volk. Evangelische Pfarrer als Volksschriftsteller im Deutschland des 19. Jahrhunderts. Berlin 1984; Volker Neuhaus: Der zeitgeschichtliche Sensationsroman in Deutschland 1855-1878. ‚Sir John Retcliffe' und seine Schule. Berlin 1980.

13 Rosemarie Ernst: Lesesucht, Schund und gute Schriften. Pädagogische Konzepte und Aktivitäten der Jugendschriftenkommission des Schweizerischen Lehrervereins (1859-1919). Zürich 1991; Gisela Wilkending: Kritik der Jugendlektüre. Von der Mitte des 19. Jahrhunderts bis zur Herausbildung der Hamburger Jugendschriftenbewegung. In: Hans-Heino Ewers u. a. (Hg.): Kinder- und Jugendliteraturforschung 1996/97. Stuttgart 1997, S. 38-68; Dies.: Die Kommerzialisierung der Jugendliteratur und die Jugendschriftenbewegung um 1900. In: Kaspar Maase/Wolfgang Kaschuba (Hg.): Schund und Schönheit. Populäre Kultur um 1900. Köln 2001, S. 218-251; Kaspar Maase: Kunst für die Kinder des Volkes. Hamburger Lehrer um Heinrich Wolgast als Reformer und Schundkämpfer (1880-1918). In: Bernd Jürgen Warneken (Hg.): Volksfreunde. Historische Varianten sozialen Engagements. Tübingen 2007, S. 133-152.

14 Vgl. etwa Pastor Apel: Die Verbreitung guten Lesestoffs. Berlin 1896; K. Clemens: Die Pest der schlechten Bücher. Sechs Vorträge nebst einem Anhange: Die Lehre der katholischen Kirche über das Lesen der heiligen Schrift. Hg. v. G. Pletl. 2., verb. Aufl. Fulda 1906 [EA 1859].

15 Zu dessen fortwirkender Kraft vgl. Achim Barsch: Literaturtheoretische Implikationen des rechtlichen Jugendmedienschutzes in der Indizierungspraxis der Bundesprüfstelle für jugendgefährdende Schriften unter Berücksichtigung der Medienwirkungsforschung. In: Internationales Archiv für Sozialgeschichte der deutschen Literatur 21, 1996, 1, S. 128-165.

16 Vgl. Hartmut Böhme/Gernot Böhme: Das Andere der Vernunft. Zur Entwicklung von Rationalitätsstrukturen am Beispiel Kants. Frankfurt/M. 1992.

Krankheitsbild der „Lesewut"[17] in Denken und Habitus der volks-
erzieherischen Professionen wie im Bewusstsein der „Massen".
Aus dieser Perspektive führten die Diskriminierungskämpfe des
20. Jahrhunderts eine Dynamik fort, die in der zweiten Hälfte des
18. Jahrhunderts angestoßen wurde.

Derartige Wahrnehmungs- und Deutungsmuster gehörten zu den
„mentalen Werkzeugen" (Lucien Febvre), mit denen die Vertreter
der deutschen Bildungsschichten seit dem ausgehenden 19. Jahrhundert zwei eng miteinander verknüpften Basistrends der klassischen Moderne gegenübertraten: dem gesellschaftlichen Mitgestaltungsanspruch der „Massen" und der Schlüsselstellung eines pri-
vatkapitalistisch bestimmten Kommunikationsmarktes. Die Wahl
zwischen Delegitimierung und Anerkennung dieser Entwicklungen
fiel unter einem Gesichtspunkt recht einhellig aus: Man wehrte
sich aggressiv dagegen, dass ästhetische Wünsche „des Volkes"
bedient werden sollten von Anbietern, die primär dem Gewinnkal-
kül folgten.[18] Massenkünste als verrohend, kriminogen und reali-
tätsverzerrend abzuwerten, hieß den Mitgestaltungsanspruch der
„Ungebildeten" zurückweisen, deren unbeherrschte Triebe die
Kulturindustrie angeblich ausbeutete;[19] man erklärte sie zu „Aus-
gestoßene[n] unseres Kulturkreises"[20] (mit der Betonung auf Kultur). Es hieß gleichzeitig, Kapitalismus und freien Markt im Bereich des Geistigen als Bedrohung für Kultur und Nation zu defi-

17 Hermann Bausinger: Aufklärung und Lesewut. In: Studien zur Geschichte
    der Stadt Schwäbisch Hall. Schwäbisch Hall 1980, S. 179-195.
18 Vgl. Kaspar Maase: Krisenbewusstsein und Reformorientierung. Zum Deu-
    tungshorizont der Gegner der modernen Populärkünste 1880-1918. In:
    Maase/Kaschuba, S. 290-342.
19 Zum Menschenbild der Schundkritiker vgl. Thomas Hausmanninger: Kritik
    der medienethischen Vernunft. Die ethische Diskussion über den Film in
    Deutschland im 20. Jahrhundert. München 1993, S. 102-131.
20 Ernst Schultze: Die Schundliteratur. Ihr Wesen, ihre Folgen, ihre Bekämp-
    fung. 2., stark verm. Aufl. Halle a.d.S. 1911, S. 72.

nieren.[21] Kultureller Antikapitalismus und ein aus Sexualfeindlichkeit, Volkserziehungsfuror und völkischer Demagogie gespeister Antiliberalismus bildeten den Subtext jener Gegenbewegungen, die die soziale Konstruktion der Massenkultur im Kaiserreich dominierten.

„Unverstand der Massen"

Was vor 1914 nur eine Stimme neben anderen im Schundkampf war, erklang im Laufe des Krieges immer lauter[22] und übertönte in der Weimarer Republik bald ästhetisch-kulturreformerische Auffassungen. Die Macht des volkserzieherisch autoritären, ja fundamentalistischen mentalen Erbes wirkt besonders erschreckend, wenn man sieht, wie stark auch Denken und Handeln der republikanischen Kräfte davon geprägt waren. Im Januar 1921 meldete der sozialdemokratische „Vorwärts" unter der Überschrift „Die Folgen der Schundfilme" Folgendes aus Berlin. Vor Gericht stand ein 17-jähriger Arbeitsbursche, dem man den Mord an einer 68-jährigen Frau vorwarf.

„Er war u.a. Stammgast in jenen Kinos der Münzstraße, die schon des Morgens um zehn Uhr geöffnet und von zumeist jugendlichen Strolchen besucht werden. Hier sah Wieding einen Film 'Die Hand des Würgers' und 'Die Eisenbahnräuber', in denen dargestellt wird, wie eine Frau mittels eines in ein Taschentuch gewickelten Steins betäubt und dann mit den Händen erwürgt wird. Hier lernte er

---

21 Zum „regressiven Antikapitalismus" im deutschen Bildungsbürgertum seit der Klassik vgl. Georg Bollenbeck: Bildung und Kultur. Glanz und Elend eines deutschen Deutungsmusters. Frankfurt/M. 1994, S. 27, 142, 225-228.

22 Kaspar Maase: „Schundliteratur" und Jugendschutz im Ersten Weltkrieg. Eine Fallstudie zur Kommunikationskontrolle in Deutschland. In: kommunikation@gesellschaft 3, 2002; URL: http://www.uni-frankfurt.de/fb03/ K.G/B3_2002_Maase.pdf

auch einen 21-jährigen [...] kennen. Beide verabredeten sich, um sich Geld zu verschaffen, irgendeinen Menschen umzubringen und zu berauben."[23]

Der Report aus dem Gerichtssaal steht schon durch seine Überschrift in der Tradition der erwähnten Exempelgeschichten über die sozial schädlichen Folgen falschen geistigen Konsums. Er denunziert den Film als kriminogenen Schund, das Kino als Treffpunkt von „jugendlichen Strolchen" und die halbwüchsigen Filmzuschauer als Verführbare, die von der Macht der medialen Darstellung zur Nachahmung des Dargestellten getrieben werden. Das waren damals gängige Topoi, bis zur Selbstverständlichkeit eingeprägt im Schundkampf seit 1900 – an dem sich auch die Sozialdemokratie beteiligt hatte, ohne markant den eigenen, antimilitaristischen und klassenkämpferischen Akzent in den Vordergrund zu stellen.

Es waren gängige Topoi, d. h., unterschiedliche Akteure benutzten die Denk- und Deutungsformeln für die unterschiedlichsten Zwecke. Im mehrheitssozialdemokratischen Kontext dienten sie unter anderem zur Denunzierung des „Lumpenproletariats". Das wird im zitierten Bericht signalisiert mit dem Verweis auf die Lage des Kinos in einem schlecht beleumundeten innerstädtischen Unterschichtquartier.[24]

In der politischen Auseinandersetzung verwies man auf „Schund" als Indikator dafür, dass die Konkurrenz innerhalb des proletarischen Milieus sich aus minderwertigen Subjekten rekrutiere. So argumentierte ein „Vorwärts"-Beitrag während der revolutionären Kämpfe um die Jahreswende 1918/19. Unter der Überschrift „Nick

---

23 Vorwärts, Nr. 47, 29. Januar 1921. Für die Belege aus dem „Vorwärts" danke ich Sabine Kienitz.

24 Auf die Abgrenzung vom „Lumpenproletarier", der seine Kinder mit Schnaps und Schund vergifte, setzte auch ein an Arbeitereltern adressiertes Massenflugblatt des Dürerbundes vom März 1909 (abgedruckt bei Schultze, S. 159-161, Zit. S. 159).

Carter und Spartakus" wurden die „Gehirnvernebelung" und der angebliche Fanatismus der Spartakisten als Auswirkung von Groschenheftlektüre gedeutet. „Mancher der unverantwortlichen Jugendlichen, die jüngst sich hierbei austobten, hat seine Begeisterung für die Gewalttaten aus dem trüben Fusel der blutrünstigen Groschenhefte gesogen. Nicht das Kommunistische Manifest, sondern die namenlose Schundliteratur hat den Nährboden für das Aufkeimen politischer Phantastereien geschaffen. Der Kapitalismus vergiftet noch weiter tiefe Rekrutierungsscharen des Sozialismus mit seinen aufpeitschenden Tränklein."[25]

Die Deutung, das „Schundkapital" verseuche den Geist der Arbeiter, war keineswegs originär sozialdemokratisch; diese Überzeugung teilten alle Richtungen der Schundkämpfer. Mir kommt es hier allerdings an auf die antidemokratische Mentalität, die das Zitat bestimmt. Es bezieht seine Schlagkraft aus der Lesart, wonach Konsumenten der populären kommerziellen Künste mit hoher Wahrscheinlichkeit zu den fragwürdigen, manipulierbaren, für ernsthafte sozialistische Politik verlorenen Teilen der Arbeiterklasse zählten; auf sie kann man offensichtlich nicht rechnen, sie gehorchen nicht der Vernunft, sondern der rauschhaften Droge Massenkultur.

Die Ausgrenzung von Klassengenossen, die nicht der eigenen Parteisicht folgten, aus den Reihen derer, die ein Recht auf Ernstgenommenwerden und Mitsprache hatten, hat allerdings Tradition in der Arbeiterbewegung. Wir finden diese Perspektive auf die Massen beispielsweise in der „Arbeitermarseillaise" Jakob Audorfs aus dem Jahr 1864, in der es heißt: „Der Feind, den wir am tiefsten hassen, / der uns umlagert schwarz und dicht, / das ist der Unver-stand der Massen, / den nur des Geistes Schwert durchbricht."[26] Der Schundkampf hat das Bild von den unverständigen Verführten belebt und ausgeweitet. Es sei zu ihrem eigenen Bes-

---

25 Vorwärts, Nr. 64, 4. Februar 1919, Abendausgabe.
26 Unser Lied, unser Leben. Berlin 1947, S. 24.

ten, wenn die aufgeklärte Elite ihnen entschlossen die Droge entziehe. Weil man das so sah, deswegen feierte der „Vorwärts" im Dezember 1921 den „feierlichen Verbrennungsakt" von 30 000 „Schundbüchern" unter sozialdemokratischer Führung als symbolischen Akt von hohem Wert für die Jugendpflege.[27] Es soll hier nicht vergessen werden, dass die Reichstagsfraktion der SPD 1926 das „Schmutz- und Schund"-Gesetz ablehnte, weil es sich um ein „*Polizeigesetz* allerschlimmster Art"[28] handele, das zur politischen und Geschmacks-Zensur missbraucht werden könne. Zugleich betonte man damals stolz, dass die Jugend „unter ihren *roten Fahnen* mit aller Energie *gegen Schund und Schmutz*" kämpfe und "selbst [...] Berge von *Schund- und Schmutzschriften auf dem Scheiterhaufen verbrannt*" habe.[29]

„Verbrecher an deutscher Volkskraft"

Tiefsitzendes Misstrauen gegen jenen Teil der Bevölkerung, dessen geistige Kost aus Liebesfilmen und Detektivgeschichten, wilden Tänzen und sentimentalen Schlagern bestehe, die Vermutung, dass diese Menschen nicht zu einem vollgewichtigen politischen Votum imstande seien, und die Schlussfolgerung, man müsse deshalb das Volk fürsorglich durch einen „Damm gegen Geistesver-

---

27 Vorwärts, Nr. 597, 19. Dezember 1921, Abendausgabe, S. 3; ausführlicher zu der Aktion Ekkehard Meier: Neuköllner Saubermänner - Der Kampf gegen die Schmutz- und Schundliteratur. In: Gerd Radde u. a. (Hg.): Schulreform - Kontinuitäten und Brüche. Das Versuchsfeld Berlin-Neukölln. Band I: 1912 bis 1945. Opladen 1993, S. 53-67, hier S. 61-65.

28 So der SPD-Abgeordnete Schreck am 26. November 1926; Verhandlungen des Reichstags, 3. Wahlperiode 1924, Stenographische Berichte, Bd. 391, S. 8221 (Hervorh. im Orig.).

29 Ebd., S. 8221, 8222.

giftung" schützen[30] – diese hier kurz für die Sozialdemokratie skizzierten Auffassungen kennzeichneten, mutatis mutandis, auch die Massenkulturdeutungen aller anderen politischen Kräfte der Weimarer Republik. Im bürgerlichen Lager und auf der politischen Rechten wurde die antidemokratische Konsequenz meist weitaus drastischer gezogen: Die – eben an ihrem innigen Verhältnis zur „Massenkultur" erkennbaren – „ungebildeten Massen" wurden auf eine Weise beschrieben, die ihre gleichberechtigte Teilhabe an Wahlen und politischen Entscheidungen als Bedrohung für Vernunft, Vaterland, Volk erscheinen ließ. „[...] je verbreiteter die Zeitung, desto tiefer ihr Niveau; je demokratischer das Wahlrecht, desto niedriger der Geistesstand der Vertreterschaft" - so formulierte es mit der von einem deutschen Professor erwarteten Unmissverständlichkeit der bekannte Ökonom Werner Sombart.[31] Das „Schundkapital" oder „Unzuchtskapital" wurde unisono als derart skrupellos beschrieben, dass die Idee, auch diesem Teil des geistigen Marktes die Presse- oder gar Kunstfreiheit einzuräumen, nur absurd und selbstzerstörerisch scheinen konnte.

So argumentierte man, mit Erfolg, gegenüber den Bildungsschichten. Gegenüber dem breiten Publikum radikalisierte man die in den Exempelgeschichten verdichteten Ängste vor der bösen Macht der populären Künste.[32] Aus frivolen Schlagern und Jazzmusik, Detektivgeschichten und Schnitzlers „Reigen", Josephine Bakers Tanz und Nacktkulturzeitschriften, schwarzen Musikern und mehr oder minder seriösen „Aufklärungsfilmen", Liebesromanen und dem Gespenst der Pornographie wurde das Bild einer insgesamt

---

30 So der Sozialdemokrat Hans Wingender: Erfahrungen im Kampfe gegen Schund- und Schmutzschriften. Düsseldorf 1929, S. 87.

31 Werner Sombart: Der proletarische Sozialismus. Jena [10]1924, Bd. II, S. 173.

32 Vgl. zum Folgenden ausführlicher Kaspar Maase: Grenzenloses Vergnügen. Der Aufstieg der Massenkultur 1850-1970. Frankfurt/M. [4]2007, S. 115-117, 152-155, 170-178.

als „Schmutz und Schund" charakterisierten Kultur der Republik entworfen. Demagogisch hämmerte man die „Koppelung des politisch Unliebsamen mit dem ästhetisch Unliebsamen"[33] ein. Am Beispiel des Schlagers wurde eingangs exemplifiziert, dass solche Denunziation durchaus an Erfahrungen und Besorgnisse vieler anschließen konnte. Ebenso pathetisch wie mehrdeutig erscholl der Appell, so könne es nicht weitergehen.

Im konservativ bürgerlichen, deutschnationalen und völkischen Spektrum allerdings klang die Botschaft eindeutig: Mit der *Republik* kann es nicht weitergehen. So appellierte die Ansprache zu einer Schund-Verbrennungsaktion der evangelischen Jugend im Juni 1931 in Küstrin: „Wir evangelische Jugend wehren uns! Wir fürchten nicht den Spott, und nicht den Hass, und nicht den Kampf! [...] Sie müssen verschwinden, all die Gifte der Seele, die Schundhefte, die schmutzigen Bilder, damit einer deutschen Jugend der Weg frei werde, der Weg zur Freiheit!

Begreift es doch, der Schund wäre unser Todesweg, und wir wollen leben! Dürfen wir uns denn nicht mehr wehren [...]? [...] Es ist nicht recht, dass man um des Geldes willen eine Jugend vergiftet. Im Namen einer Jugend, die sich nicht ankränkeln lassen will vom Pesthauch der Sünde noch einmal: Ihr Jugendvergifter, ihr Verbrecher an deutscher Volkskraft, ihr Seelenmörder, euer Tun, es ist nicht recht!"[34]

Sicher kann man es nicht verallgemeinern, dass mehrere Funktionäre der „Reichsschundkampfstelle der Evangelischen Jungmännerbünde Deutschlands" schon lange vor 1933 der NSDAP angehörten. Es gab auch Schundkämpfer, die nicht, wie Heinrich Mann so treffend formuliert hat, die Republik selber für Schmutz und

---

33　Bollenbeck 1999, Tradition, S. 200.
34　Der Schundkampf, Nr. 41, Juli/August 1931, S. 22; zit. n. Kaspar Nürnberg: Der protestantische „Kampf gegen Schund und Schmutz" am Beispiel der Zeitschrift „Der Schundkampf" (1924-1939). Magisterarbeit FU Berlin 1997, S. 119.

Schund hielten.[35] Doch muss man dem Urteil einer neueren Studie zustimmen: Die 1927 geschaffene „Evangelische Hauptstelle gegen Schmutz und Schund" trug, wie ein großer Teil der protestantischen Sittlichkeitsbewegung in der Weimarer Republik, durch ihre aggressive Thematisierung von Massenkultur „mit der Verbreitung völkischer, biologistischer und dezidiert antirepublikanischer Positionen nicht unwesentlich zur Destabilisierung der Weimarer Republik bei."[36]

Aus bürgerlichen, bildungsorientierten Kreisen kamen jene Organisationen und Aktivisten des Schundkampfes, die – so Detlev Peukert – „zur Verwirklichung ihres Traumes von einem 'sauberen Reich' 1933 den politischen Terror und die willkürliche Ausdehnung der (staats-)polizeilichen Handlungssphäre begrüßt[en] oder billigend in Kauf" nahmen.[37] Viele wurden neben und mit NS-Organisationen aktiv bei „spontanen" Büchereisäuberungen im Frühjahr 1933 oder beteiligten sich eigenständig an den Bücher-

35 Heinrich Mann: Schmutz und Schund. in: Ders.: Essays. Hamburg 1960, S. 526-541, hier S. 541 [ED 1926].

36 Matthias Pöhlmann: Publizistischer „Angriffskrieg". In: Die Macht der Nächstenliebe. Einhundertfünfzig Jahre Innere Mission und Diakonie 1848-1998. Ausstellungskatalog, im Auftrag des Deutschen Historischen Museums und des Diakonischen Werks der Evangelischen Kirche in Deutschland hg. v. Ursula Röper und Carola Jüllig. Berlin 1998, S. 206-215, Zit. S. 214. Als einen Umschlagpunkt in der politischen Stimmung zugunsten der antidemokratischen Rechten bewertet die Auseinandersetzung um das „Gesetz zur Bewahrung der Jugend vor Schmutz und Schund" Margaret F. Stieg: The 1926 German law to protect youth against trash and dirt. Moral protectionism in a democracy. In: Central European History 23, 1990, S. 22-56.

37 Detlev J. Peukert: Der Schund- und Schmutzkampf als „Sozialpolitik der Seele". Eine Vorgeschichte der Bücherverbrennung? In: „Das war ein Vorspiel nur ...". Bücherverbrennung Deutschland 1933: Voraussetzungen und Folgen. Ausstellungskatalog, hg. von der Akademie der Künste Berlin. Berlin 1983, S. 51-63, Zit. S. 61.

verbrennungen vom Mai 1933.[38] Hier war ein weiter Betätigungs-
bereich für die „Selbstnazifizierung" (Konrad Jarausch) der deutschen Bildungsschichten.
Doch nicht nur an bildungsbürgerliche Gruppen und volkserzieherische Berufe ist zu denken. Wir haben uns – darauf deuten zumindest die spärlich vorliegenden Befunde hin – den Gesamtbe-
reich von Schundkampf und populärer Massenkulturkritik in der
Weimarer Republik als ein wichtiges Feld vorzustellen, auf dem
höchst wirksam die Delegitimierung von Liberalität und Demokratie betrieben wurde. Dazu gehörten Schundrazzien in den Schulen
ebenso wie Beispielgeschichten aus dem Gerichtssaal über Verbrechen und Verführung unter dem Einfluss der Populärkunst, die
„stärker als Wollen und eigenes Urteil"[39] sei. Es gehörte dazu das
Anfachen des antimetropolitanen Affekts in der Provinz mit sa-
genhaften Erzählungen von jüdisch-orgiastischen Ausschweifun-
gen der großstädtischen Vergnügungskultur ebenso wie das öffentliche Auftreten moralisierender Fundamentalisten, die sich demonstrativ das Recht nahmen, Buchläden und Schaufenster, Kios-
ke und Kinowerbung vom erotischen „Schmutz" oder auch einfach
vom „Kitsch"[40] zu säubern.
Adelheid von Saldern hat in mehreren Aufsätzen die Debatten um
die Massenkultur während der Weimarer Republik untersucht und
die Facetten der Ablehnung und Abwertung dargestellt.[41] Drastik

---

38 Nürnberg 1997, S. 120-122.
39 Wingender 1929 , S. 90.
40 Von „Schund und Kitsch" ist die Rede in einem Aktionsplan der Christli-
    chen Deutschen Jugend Aachen, in dem Drohbesuche in Buchhandlungen
    und bei Zeitungsständen vorbereitet wurden (Nordrheinwestfälisches
    Hauptstaatsarchiv Düsseldorf, Polizeipräsidium Aachen 290, Papier der
    Christlichen Deutschen Jugend Aachen, o. D. [Januar 1922], sowie Zei-
    tungsausschnitt ohne Quellenangabe mit Eingesandt der Christlichen Deut-
    schen Jugend Aachen v. 27. Januar 1922).
41 Adelheid von Saldern: Massenfreizeitkultur im Visier. Ein Beitrag zu den
    Deutungs- und Einwirkungsversuchen während der Weimarer Republik. In:

und Radikalität selbst der parlamentarischen Sprache geben Anhaltspunkte dafür, wie wir uns die alltagseingebundene Thematisierung von Massenkunst als Schund vorzustellen haben – in Predigten und Ansprachen, in der Schule und im Turnverein, in der
Kundenzeitschrift und, immer wieder, in den mündlich wie schriftlich kolportierten Exempelgeschichten. Ich bin sicher, bei der Erforschung der alltäglichen symbolischen und diskursiven Praktiken
sind noch wichtige Entdeckungen zu machen. Und vielleicht festigt sich dabei die Vermutung, dass die historische Bedeutung der
Massenkultur in den beiden ersten Dritteln des 20. Jahrhunderts
nicht vorrangig in den ideologischen Botschaften zu suchen ist,
mit deren Entzifferung sich die Forschung bisher vor allem befasst
hat. Vielleicht war die wichtigste politische Rolle die des mit einer
Mischung aus Lust und Angst wahrgenommenen Schreckgespensts: als Bedrohung intellektueller, elterlicher, patriarchaler,
pastoraler Kontrolle. So konnte ihr unaufhaltsamer Aufstieg interpretiert und instrumentalisiert werden als Menetekel, als Zeichen
für die unheilbare Krankheit der liberalen Massendemokratie.

Wie man erfolgreich Phänomene der Populärkultur umdeutete in
Realsymbole, in Symptome einer vom Krebsgeschwür befallenen
Gesellschaft(sordnung), das war vielleicht die wichtigste Lehre,
die politische Aktivgruppen aus dem Schundkampf der wilhelminischen Ära gezogen hatten. Dort war das Deutungsmuster,
Schund sei „Symptom einer allgemeinen Volkskrankheit ..., die in
den allgemeinen Zeitverhältnissen ihre letzten Ursachen hat",[42]

Archiv für Sozialgeschichte 33, 1993, S. 21-58; Dies.: Überfremdungsängste. Gegen die Amerikanisierung der deutschen Kultur in den zwanziger Jahren. In: Alf Lüdtke u. a. (Hg.): Amerikanisierung. Traum und Alptraum im
Deutschland des 20. Jahrhunderts. Stuttgart 1996, S. 213-244; vgl. auch
Dies.: „Kunst für's Volk". Vom Kulturkonservatismus zur nationalsozialistischen Kulturpolitik. in: Harald Welzer (Hg.): Das Gedächtnis der Bilder.
Ästhetik und Nationalsozialismus. Tübingen 1995, S. 45-104.

42   Bekämpfung der Schundliteratur mit einer Zusammenstellung der bisher
getroffenen Maßnahmen. Berlin 1911, S. 7.

breitenwirksam eingeführt worden. In der Weimarer Republik avancierte es dann zu einem erstrangigen Mittel der Zeit- und Gesellschaftsdeutung.

Der Verweis auf die sozialdemokratische Kritik an Schund und Kitsch macht allerdings schon deutlich, dass antirepublikanische Lesarten das Feld nicht gänzlich beherrschten. Es gab sozialkritische, antimilitaristische und durchaus demokratische Bedenken. Allen Varianten jedoch war zweierlei gemeinsam: Die pauschale Kennzeichnung der kommerziellen Populärkünste als minderwertig und schädlich und – direkt oder indirekt – die Charakterisierung derer, die sie schätzten, als defizitär, als auch politisch nicht vollwertig.

Ambivalenzen

Gegen das hier gezeichnete Bild kann man einwenden, dass doch zwischen 1918 und 1933 die moderne, mediengestützte Populärkultur ihre Reichweite außerordentlich vergrößerte, dass sie tiefe Wurzeln schlug im Alltag der einfachen Leute, dass sie auf dem Weg war, ein unverzichtbares Lebensmittel zu werden.[43] Wie geht der Befund zusammen mit der These, die negative Deutung von Massenkultur als Symptom eines kranken Systems sei ein besonders effektives Instrument zur Delegitimierung der liberalen Ordnung gewesen? Verachteten die Menschen, was sie doch zunehmend genossen?

Zunächst ist die Gegenfrage zu stellen, ob eine solche Diagnose nicht auch gegenwärtig gestellt werden könnte. Die Meinungsforschung registriert anhaltend klare Mehrheiten für die Auffassung, die Massenmedien böten zu viele zu explizite Darstellungen von

---

43   Vgl. Corey Ross: Media and the Making of Modern Germany. Mass Communications, Society, and Politics from the Empire to the Third Reich. Oxford 2008; Maase, Vergnügen, insbes. S. 115-154.

Gewalt und Sex.[44] Doch die Befragten wenden sich nicht den „sauberen" Angeboten zu, die es ja gibt, sondern fahren fort, die gescholtenen Produkte als Käufer und Betrachter zu honorieren. Ambivalenz ist ein grundlegendes Charakteristikum des „westlich-abendländischen" Gebrauchs von Massenkultur, nicht erst in diesem Jahrhundert. Vergnügung, Muße, Freizeit hatten in der heraufziehenden Arbeitsgesellschaft der kapitalistischen Moderne stets einen prekären Status, standen von vornherein in der Defensive und bedurften der Verteidigung.[45] Je rigider der Anspruch etabliert wurde, das gesamte Leben Vernunft und Nutzen zu unterwerfen, desto mehr gerieten Traum und Trieb, Sinnlichkeit und die Lust am Schrecken – kurz: wesentliche Territorien von Kunst und Vergnügung – ins Abseits des Verdächtigen. Die populären Künste gehören seit langem zu den Repräsentanten dessen, was man treffend „das Andere der Vernunft" genannt hat. In einer männlich definierten Gesellschaft verkörperten sie „das Weibliche", gegenüber dem Ernst der Erwachsenenpflichten die verantwortungslosen Freiheiten von Kindheit und Jugend.[46]

Schließlich beruhen die Ambivalenzen der Populärkultur darauf, dass sie eingespannt war und ist in Machtbeziehungen. Arbeit, Vernunft, männlicher Ernst – das waren ja Figuren eines bürgerlichen Wertehorizonts, geprägt von der Distinktion gegenüber Lebensweise und Habitus „des Volkes" oder „der Masse". Die Maßstäbe für „Schmutz und Schund" dienten einer Hegemonialord-

---

44 Vgl. Gerlinde Schumacher: Jugendmedienschutz im Urteil der Bevölkerung. In: Media Perspektiven 2005, H. 2, S. 70-75; Institut für Demoskopie Allensbach: Allensbacher Berichte 12/2002 (unpag.).

45 Vgl. etwa Rudolf Schenda: Die Verfleißigung der Deutschen. Materialien zur Indoktrination eines Tugend-Bündels. In: Utz Jeggle u.a. (Hg.): Volkskultur in der Moderne. Probleme und Perspektiven empirischer Kulturforschung. Reinbek 1986, S. 88-108.

46 Vgl. Kaspar Maase: Kinderkultur als Unterwelt der Arbeitsgesellschaft. In: Reinhard Johler/Bernhard Tschofen (Hg.): Empirische Kulturwissenschaft – Eine Tübinger Enzyklopädie. Tübingen 2008, S. 393-407.

nung, und Anerkennung und Befolgung solcher Normen in unterbürgerlichen Milieus waren stets durchzogen von Taktiken (Michel de Certeau) der Weigerung und des Eigensinns.

Schauen wir unter diesem Gesichtspunkt noch einmal auf die soziale Konstruktion der Massenkultur zu Beginn des 20. Jahrhunderts, und zwar aus der Perspektive derer, die damals begannen,
den Genuss des Kunstschönen regelmäßig, ja täglich in ihr Leben
einzubeziehen – mittels Postkarten und Wandschmuck, Lesestof-
fen und Filmen, die allesamt als Schund und Kitsch stigmatisiert
wurden.[47] Wenn die „ungebildeten" Liebhaber und Liebhaberin-
nen der populären Künste das bürgerliche Urteil über den kulturellen Unwert ihres Vergnügens annahmen, dann in erster Linie man-
gels semantischer Alternativen. Es gab keinen Diskurs, in dem
man die Legitimität populärer Ästhetik hätte ausdrücken können,
schon gar nicht in einer breit verständlichen Sprache!

Hier liegt die Ambivalenz des Massenpublikums begründet. Es
kannte seit 1900 das Erfolgserlebnis der Integration in die moderne
Kultur. Man musste keine teuren Bücher besitzen, wie sie das
Bürgertum zum Ausweis seiner Bildung stilisierte. Vor dem Film
waren zunächst einmal alle gleich. Alle Schichten des Publikums,
unabhängig von ihrer Wissens-Mitgift, mussten die Sprache des
neuen Mediums lernen. Dies war eine Sprache der Bilder, die
Überlegenheit im Umgang mit dem Wort[48] gegenstandslos machte.
Der Film brachte, das wurde schon zeitgenössisch formuliert, ein
Stück Befreiung von bürgerlicher Kultur-Herrschaft. So konnten
gerade Film und Kino auf der Landkarte der Bedeutungen als

---

47 Vgl. Ders.: „... ein unwiderstehlicher Drang nach Freude". Ästhetische
Erfahrung als Gegenstand historischer Kulturforschung. In: Historische
Anthropologie 8, 2000, 3, S. 432-444; allgemein Maase/Kaschuba sowie
verschiedene Beiträge in Kaspar Maase (Hg.): Die Schönheiten des Populären. Ästhetische Erfahrung der Gegenwart. Frankfurt/New York 2008.

48 Zu Sprache als privilegiertem Medium bürgerlichen Kulturanspruchs vgl.
Angelika Linke: Sprachkultur und Bürgertum. Zur Mentalitätsgeschichte
des 19. Jahrhunderts. Stuttgart 1996.

Kunst der kleinen Leute eingetragen werden. Und es musste tiefe Befriedigung über die Legitimität der eigenen Wahl hervorrufen, dass innerhalb weniger Jahre der verschrieene Spielfilm ein breites bürgerliches Publikum und zunehmende öffentliche Anerkennung fand.

Erfolg und mit ihm Selbstvertrauen blieben aber beschränkt auf das Faktische: Die ArbeiterInnen und ihr Geschmack waren eine kulturelle Macht der modernen Gesellschaft, die die einschlägigen Unternehmen hofierten. Aber dass einem/r die neuen Künste gefielen und dass man sie sich nicht nehmen ließ, beinhaltete noch keine Legitimation, keine anerkannte Sinnhaftigkeit der eigenen Praxis. Die KonsumentInnen sahen sich einer geschlossenen Front der Ablehnung oder zumindest Abwertung gegenüber – einer Front, in der auch die AktivistInnen der Arbeiterbewegung standen. Ob Revolutionäre oder Reformer, gegenüber der modernen Arbeiterfreizeit vertraten sie ästhetisch und kulturpolitisch den „Diskurs des 19. Jahrhunderts".[49] Das heißt: Schönheit und Würde, Logik und Legitimität der von ArbeiterInnen angeeigneten Massenkünste konnten nicht artikuliert werden; diese Bedeutungen gingen nicht ein in die soziale Konstruktion der modernen Massenkultur.

Auf den mentalen Landkarten der Lohnabhängigen wurde zweierlei eingetragen: Populärkultur war ihre Sache, ihr Anteil an Kunst und Unterhaltung; doch als Schund war sie wertlos und gefährlich, ihre KonsumentInnen waren zu bedauern oder zu verachten. Befriedigung über das Errungene verband sich mit Scham, Erfolgsgefühl mit Selbstabwertung insbesondere dann, wenn man denen gegenüber stand, die im Glanz ihres kulturellen Kapitals auftraten. Vergnügen und Begehren, durchzogen von Unterlegenheitsgefühlen und Erfahrungen der Überforderung – daraus entstand eine brisante, demagogisch ausbeutbare Mischung. So bildeten vielleicht die Ambivalenzen angesichts der Massenkultur der Zwi-

---

49 Klaus-Michael Bogdal: Zwischen Alltag und Utopie. Arbeiterliteratur als
    Diskurs des 19. Jahrhunderts. Opladen 1991.

schenkriegsjahre eine Voraussetzung dafür, dass man gegen sie als den vermeintlichen Repräsentanten eines kranken und zerstörerischen Systems Aggressionen bündeln konnte. Wir sind geneigt, das eingangs angesprochene Fehlen einer klaren, schlüssigen Definition von Kitsch und Schund als intellektuelle Schwäche, ja Bankrotterklärung aufzufassen. Historisch war die Unschärfe vielleicht eine der wichtigen Erfolgsbedingungen für die Gegner. Sie erlaubte (wie bekanntlich auch der Massenbegriff), die eigene Praxis jeweils von der Verdammung auszunehmen. Schund, das war nicht der Liebesfilm, der einen selbst zu Tränen rührte, nicht die Kriminalgeschichte, die man erst nach der letzten Seite aus der Hand legen konnte. Schund, das sind die anderen.[50] Damit konnte man sich zumindest kurzfristig entlasten. Dem Verdikt kultureller Unwürdigkeit der eigenen Gefühle entkam man damit allerdings nicht.[51]

Veränderte Rahmung

Ich überspringe die NS-Zeit, deren widersprüchlicher Umgang mit Populärkultur differenzierterer Behandlung bedarf, als sie an dieser Stelle möglich ist.[52] 1949 schien es zunächst, als münde die

---

50 Die Medienpsychologie spricht vom „Third Person Effect", nach dem immer die Anderen gefährdet seien; vgl. Albert C. Gunther: Overrating the X-Rating. The Third-Person-Perception and Support for Censoring of Pornography. In: Journal of Communication 45, 1995, 1, S. 27-38.

51 Für die „Mehrzahl der Gebildeten" konstatierte die Soziologin Emilie Altenloh schon vor dem Ersten Weltkrieg am Beispiel des Kinos „eine ganz sonderbare Zwitterstellung": „Man geht hin, aber immer mit einem verlegenen und beschämten Gefühl vor sich selber" (Emilie Altenloh: Zur Soziologie des Kino. Jena 1914, S. 96).

52 Vgl. Helga Geyer-Ryan: Wunschkontrolle - Kontrollwünsche. Die Gleichschaltung der Populärliteratur im Dritten Reich. In: Jörg Thunecke (Hg.): Leid der Worte. Panorama des literarischen Nationalsozialismus. Bonn 1987, S. 177-206; Petra Josting: Der „Schmutz- und Schundkampf" im

Geschichte zurück in die bekannten Geleise der Zwischenkriegszeit. Eines der ersten Projekte des Deutschen Bundestages war ein
„Gesetz zum Schutze der Jugend vor Schmutz- und Schundschrif-
ten". Es stand ausdrücklich in der Tradition des Gesetzes von 1926
und trat 1953 in Kraft. In den Schulen und in der Öffentlichkeit
wurde wieder Schund gesucht und vernichtet.[53] Und doch wieder-
holte sich die Geschichte nicht. Die Ursachen sind in mehreren

---

„Dritten Reich". In: Hans-Heino Ewers u. a. (Hg.): Kinder- und Jugend-
buchliteraturforschung 1995/96. Stuttgart 1996, S. 17-38; Maase 2007,
Vergnügen, S. 196-234; Thymian Bussemer: Propaganda und Populärkultur. Konstruierte Erlebniswelten im Nationalsozialismus. Wiesbaden 2000;
Birthe Kundrus: Totale Unterhaltung? Die kulturelle Kriegsführung 1939
bis 1945 in Film, Rundfunk und Theater. In: Jörg Echternkamp (Hg. im
Auftrag des Militärgeschichtlichen Forschungsamtes): Das deutsche Reich
und der Zweite Weltkrieg. Bd. 9: Die deutsche Kriegsgesellschaft 1939-
1945. 2. Halbband: Ausbeutung Deutungen Ausgrenzung. München 2005,
S. 93-157; Stefan Becker/Stephanie De Felice/Philipp Hertzog: Pleasure,
Power, and Everyday Life under National Socialism. In: Bulletin of the
German   Historical   Institute   42,   2008,   S.   125-132;   Carsten
Würmann/Ansgar Warner (Hg.): Im Pausenraum des Dritten Reiches. Zur
Populärkultur im nationalsozialistischen Deutschland. Bern u.a. 2008; Ross
2008.
53   Ein Überblick bei Jäschke 1988; vgl. auch Bernd Schorb: Freizeit, Fernse-
hen und neue Medien 1960-1990. In: Archiv für Sozialgeschichte 33, 1993,
S. 425-457; Heinz-Dietrich Fischer/Jürgen Niemann/Oskar Stodiek: 100
Jahre Medien-Gewalt-Diskussion in Deutschland. Synopse und Bibliogra-
phie zu einer zyklischen Entrüstung. Frankfurt/M. 1996; Inga Hagemann:
Comics und ihre Akzeptanz bei Kindern und Jugendlichen. In: Rheinisch-
Westfälische Zeitschrift für Volkskunde 47, 2002, S. 261-299; Werner
Faulstich: Groschenromane, Heftchen, Comics und die Schmutz-und-
Schund-Debatte. In: Ders. (Hg.): Die Kultur der 50er Jahre. München 2002,
S. 199-215; Andrea Weinmann: Feldzüge gegen die Vorboten der Erlebnis-
gesellschaft. In: Hans Heino Ewers unter Mitarbeit von Andrea Weinmann
(Hg.): Lesen zwischen neuen Medien und Pop-Kultur. Kinder- und Jugend-
literatur im Zeitalter multimedialen Entertainments. München/Weinheim
2002, S. 51-83; Christian Kuchler: Kirche und Kino. Katholische Filmar-
beit in Bayern 1945-1965. Paderborn 2006.

Feldern zu suchen. Hier sei kurz auf die gewandelten weltpolitischen Rahmenbedingungen eingegangen und auf die beiden zentralen Akteursgruppen, Schundkämpfer und „Schund"nutzer, die in den veränderten Kontexten handelten.

Die politische Bedeutung der Auseinandersetzungen um die moderne Massenkultur in den 1950ern und 1960ern ergibt sich wieder aus der Verknüpfung mit der Demokratiefrage, konkreter: mit dem von nicht wenigen so charakterisierten deutschen „Demokratiewunder" – verstanden nicht als Frage nach dem Funktionieren von Institutionen, sondern nach der „Verinnerlichung von Demokratie".[54] Hier geht es also nicht darum, inwiefern erweiterte kulturelle Partizipation als Demokratisierung interpretiert werden kann. Sondern: Wie artikulierte sich der Zweifel daran, dass die von der Massenkultur und ihrer Niveausenkung geprägte Menge reif sei für die Demokratie? Vielen im gebildeten Bürgertum galt das Massenpublikum, dessen Beschränktheit, Triebhaftigkeit und Verführbarkeit die Populärkultur angeblich ständig neu belegte, weiterhin als schlicht ungeeignet für die Rolle des politischen Souveräns. Noch 1958 formulierte der einflussreiche Publizist Erich Kuby das so: „Das allgemeine und freie Wahlrecht [...] delegiert die Dummheit der vielen an die Spitze." Seine Alternative lautete: entweder die Demokratie abbauen oder die unkultivierte Masse durch den Glauben einbinden.[55]

---

54 Konrad H. Jarausch: Die Umkehr. Deutsche Wandlungen 1945-1995. München 2004, S. 182; vgl. zu den schwierigen subjektiven Ausgangsbedingungen eindrucksvoll Birgit Schwelling: Wege in die Demokratie. Eine Studie zum Wandel und zur Kontinuität von Mentalitäten nach dem Übergang vom Nationalsozialismus zur Bundesrepublik. Opladen 2001; eher mit Fokus auf die nachrückende Generation Dirk A. Moses: The Forty-Fivers. A Generation between Fascism and Democracy. In: German Politics and Society 17, 1999, Nr. 50, S. 94-126.

55 Erich Kuby: Diskussionsbeitrag. In: Untergang oder Übergang. 1. Internationaler Kulturkritikerkongress in München 1958. München 1959, S. 157. Zum Fortwirken antiparlamentarischer Einstellungen in den Bildungs-

Auf der Ebene sozialer Praxis entsprach dieser Einstellung die volkserzieherische Selbstermächtigung der „Gebildeten", der Pädagogen und Juristen, zum Schutz der „Ungebildeten" vor den Auswirkungen der Populärkultur in die Freiheit des Kulturmarktes einzugreifen und die Verbreitung von „Schmutz und Schund" aus erzieherischen, moralischen und ästhetischen Gründen zu verhindern. In dieser Tradition stand nach eigener Aussage der Proponenten das erwähnte „Gesetz über die Verbreitung jugendgefährdender Schriften". Adelheid von Saldern hat aus den Debatten als „eigentliche Zielrichtung [...] die Domestizierung der als unberechenbar geltenden [...] Massen" und die „Aufrechterhaltung der Definitionsmacht durch bildungsbürgerlich geprägte Funktionseliten" erschlossen.[56] Hier scheint die, zurückhaltend formuliert, demokratieskeptische und paternalistische Haltung noch ungebrochen.

Zu fragen ist also: Wie weit artikulierte und förderte die Massenkulturdebatte der 1950er Jahre unterschwellige Zweifel an der Tauglichkeit der Massendemokratie für Deutschland? Die Antwort fällt nicht leicht.[57] Zuspitzungen wie die Kubys, der unverhohlen das allgemeine Wahlrecht in Frage stellte, wurden in der öffentlichen Debatte vermieden – man ist versucht zu sagen: peinlich

---

schichten vgl. Hans Mommsen: Von Weimar nach Bonn: Zum Demokratieverständnis der Deutschen. In: Axel Schildt/Arnold Sywottek (Hg.): Modernisierung im Wiederaufbau. Die westdeutsche Gesellschaft der 50er Jahre. Bonn 1993, S. 745-758, insbesondere S. 752-754.

56 Adelheid von Saldern: Kulturdebatte und Geschichtserinnerung. Der Bundestag und das Gesetz über die Verbreitung jugendgefährdender Schriften (1952/53). In: Georg Bollenbeck/Gerhard Kaiser (Hg.): Die janusköpfigen 50er Jahre. Wiesbaden 2000, S. 87-114, hier S. 101 und S. 110.

57 Hilfreich für einen differenzierten Blick ist der Vergleich mit der entsprechenden Debatte in den USA; vgl. dazu Kaspar Maase: Massenkultur, Demokratie und verordnete Verwestlichung. Bundesdeutsche und amerikanische Kulturdiagnosen der 1950er Jahre. In: Lars Koch (Hg.): Modernisierung als Amerikanisierung? Entwicklungslinien der westdeutschen Kultur 1945-1960. Bielefeld 2007, S. 277-317.

vermieden; sie blieben im Feld der erstrangigen Kulturkritik die absolute Ausnahme.[58] Zwar diskutierte man dort die Probleme, die die am Ideal der griechischen Polis orientierten Intellektuellen mit der Realität der Massen- und Parteiendemokratie hatten – doch die offenste Kritik am Vielparteiensystem formulierte die Emigrantin Hannah Arendt.[59]

Wie verhielt sich also die Massenkulturkritik zur Aufgabe der „Gewinnung der Legitimität durch die Nachkriegsdemokratie"? Behinderte oder förderte sie das Einwurzeln der von den Besatzern forcierten neuen alten, durch Erinnerungen an „Weimar" belasteten Ordnung „in den Meinungen und Gefühlen der Bevölkerung"?[60] Meine Vermutung, die noch weiter empirisch zu prüfen ist, lautet: Die Antworten sind nicht aus der theoretischen Argumentation, aus den schriftlichen Texten herauszulesen. Auf dieser Ebene lassen sich etwa erstaunliche Übereinstimmungen mit amerikanischen Kritikern der Massenkultur nachweisen.[61] Es waren Subtexte und Kontexte, die den Unterschied ausmachten; sie legten vermutlich unterschiedliche Folgerungen aus Analysen nahe, die für die heutigen Ohren gleichlautend klingen.

Überschaut man nämlich die verschiedenen Ebenen der deutschen Massenkulturdebatte – von der erstrangigen Kulturkritik über pädagogische, kirchliche, juristische, politische Kommentare bis hin zum praktizierten Schundkampf in Schule und Gemeinde –, dann springen zunächst die Kontinuitäten zur Kaiserzeit ins Auge. Auch für die parlamentarische Debatte über jugendgefährdende Schriften 1949 bis 1953 hat Adelheid von Saldern eine „große Ähnlich-

---

58 Anders war es in konservativen Kreisen; vgl. Axel Schildt: Konservatismus in Deutschland. München 1998; Ders.: Zwischen Abendland und Amerika. Studien zur westdeutschen Ideenlandschaft der 1950er Jahre. München 1999.

59 Hannah Arendt: Diskussionsbeitrag. In: Untergang oder Übergang, S. 218-220.

60 Jarausch 2004, S. 173.

61 Vgl. Anm. 57.

keit" der Begriffe und Motivationsstränge zu den 1920ern und früher konstatiert.[62] Im Anschluss an die kluge Arbeit von Edward Ross Dickinson zur deutschen Jugendfürsorge im 20. Jahrhundert[63] möchte ich jedoch die These formulieren: Die verschiedenen analytischen und wertenden Argumentationsmuster in Sachen Massenkultur waren nicht eindeutig verbunden mit politischen Optionen in Sachen Demokratie. Gerade zu den Zeiten der Blockkonfrontation im Kalten Krieg musste auch die schärfste Kritik der Populärkultur, des Publikums und der Kulturindustrie nicht zur Infragestellung des Demokratiemodells führen – waren doch in Westdeutschland angesichts von Nationalsozialismus und Stalinismus Alternativen schwer denkbar, jedenfalls schwerlich artikulierbar.

Für die Bundesrepublik der 1950er Jahre folgt aus dieser Annahme: Wie es um die Akzeptanz der Massendemokratie[64] stand, lässt sich nicht an kulturdiagnostischen Kategorien, Modellen und Wertmaßstäben ablesen. Die entscheidenden Weichenstellungen wurden im Kontext, im Feld des öffentlich, politisch Sagbaren, Unsagbaren und Erwünschten vorgenommen.[65] Die Machtverhältnisse der Nachkriegszeit, die begrenzte Souveränität der Bundesrepublik spielten eine entscheidende – und für das hier betrachtete Problemfeld eindeutig positive – Rolle: Autoritär, durch Drohun-

---

62 Von Saldern, Kulturdebatte, S. 90, 100. Zum in der Forschung immer wieder angesprochenen Weiterleben bürgerlich-paternalistischer und autoritärer Prägungen wilhelminischer Provenienz selbst bei den vergleichsweise demokratieoffenen „45ern" vgl. Moses 1999, S. 105 f., 112.

63 Edward Ross Dickinson: The Politics of German Child Welfare from the Empire to the Federal Republic. Cambridge, Mass. 1996.

64 Vgl. als prägnante Skizze aus konservativer Perspektive Panajotis Kondylis: Der Niedergang der bürgerlichen Denk- und Lebensform. Die liberale Moderne und die massendemokratische Postmoderne. Weinheim 1991.

65 Zur Bedeutung öffentlich bestätigter Normen für den Wandel vgl. auch Moses 1999, S. 118.

gen und Interventionen der westlichen Siegermächte (auch durch die ideologische Polarisierung des Kalten Krieges) wurde der Raum für explizit antidemokratische Schlussfolgerungen effektiv eingeschränkt. Und umgekehrt: Bekenntnisse zu und Bezüge auf Freiheit und Demokratie, zunehmend als pluralistische Demokratie definiert, waren erwünscht, teilweise Pflicht. Das gab dem Nachkriegs-Schunddiskurs einen merkwürdigen Übergangscharakter. Fast könnte man in den Quellen die kleine, aber entscheidende Verschiebung übersehen angesichts der erdrückenden Kontinuität der Wahrnehmungs- und Deutungsmuster. Weiterhin erschienen die Massen als Problem – ihre fehlende Kultiviertheit, die von den Produzenten der kommerziellen Populärkultur bedient und ausgebeutet werde. Aber der beklagte Zustand der Menge und ihrer Vergnügungen diente jetzt *nicht mehr als Argument gegen Demokratie und Liberalität*; er figurierte als Schwäche und Gefährdung einer freiheitlichen Ordnung. Die Vermassung sei zu bekämpfen, *um die liberale Demokratie zu festigen*, so hieß es nun, musste es auf Druck der westlichen Alliierten korrekt heißen.

Solche Rahmungen waren gerade in den frühen 1950ern – um es in einer topologischen Metapher auszudrücken – meist weit von den konkreten Argumentationen in Sachen Massenkultur, Schund, kommerzielle Vergnügung entfernt; sie wurden formuliert im Raum politischer Absichtserklärungen, ganz selten in den hier betrachteten Texten selbst. Aus der vorgeschlagenen Perspektive kann man immerhin einen ganz zarten Hinweis auf republikanische Rahmung in der Rede finden, mit der Bundesinnenminister Gustav Heinemann im Juli 1950 die Beratungen zum „Gesetz über den Vertrieb jugendgefährdender Schriften" eröffnete. Um die heutige Freiheit zu sichern, so das für viele zeitgenössische Ohren keineswegs eindeutige Argument, müsse man sie „vor Entartungen schützen".[66] Einige Jahre später wurde in einem programmatischen

---

66   „Ich halte es aber für gut möglich, dass die Regenten von morgen mit den Freiheiten von heute sehr böse umspringen, wenn wir sie nicht vor Entar-

Text zum selben Thema der demokratische Rahmen schon sehr viel deutlicher angesprochen. Der Vorsitzende der Bundesprüfstelle für jugendgefährdende Schriften stellte seine Arbeit unter die Maßstäbe eines „demokratischen Menschenbild[s]" vom „Staatsbürger als einer Persönlichkeit, die zu freier sittlicher und sozialer Entscheidung und Verantwortung willens und fähig ist. Dieser Staatsbürger unterscheidet sich wesentlich sowohl von den Untertanen eines diktatorischen Regimes als auch von den Massenmenschen eines kollektivistischen Systems".[67]

Man mag solche Rahmungen in vielen Fällen für ein Lippenbekenntnis halten, das an der symbolischen Sprache der Schundkampfpraktiken, an Abwertung und Ausgrenzung zunächst nichts änderte. Und zweifellos mischte sich oft westlich-liberales Gedankengut mit autoritärem Verständnis deutscher Provenienz von Staatsordnung und Mehrheitsherrschaft.[68] Die Veränderungen im Raum des öffentlich Sagbaren und Erwünschten ließen aber Zeit gewinnen – für die Ablösung der Generationen und für die Normalisierungsprozesse, mit denen die Gesellschaft sich auf die Präsenz und Dominanz der Populärkultur einstellte. So unterstützte verordnete Verwestlichung den Beginn jenes Wandels, in dessen Verlauf

---

tungen schützen." Deutscher Bundestag, 1. Wahlperiode 1949-1953, 74. Sitzung, 13. Juli 1950; Stenographische Berichte, Bd. 4, S. 2666 A. Für die verzwungene Anwendung des Demokratie-Maßstabs vgl. auch eine Indizierungs-Begründung von 1955, die das alte Schundkampfargument der Realitätsverzerrung nun als Schutz vor antidemokratischen Inhalten etikettierte; zit. bei Faulstich, S. 210.

67   Robert Schilling: Literarischer Jugendschutz. Theorie und Praxis – Strategie und Taktik einer wirksamen Gefahrenabwehr. Berlin u.a. 1959, S. 5.

68   Eine anschauliche Studie dazu liefert Raimund Lammersdorf: „Das Volk ist streng demokratisch". Amerikanische Sorgen über das autoritäre Bewusstsein der Deutschen in der Besatzungszeit und frühen Bundesrepublik. In: Arnd Bauerkämper/Konrad H. Jarausch/Marcus M. Payk (Hg.): Demokratiewunder. Transatlantische Mittler und die kulturelle Öffnung Westdeutschlands 1945-1970. Göttingen 2005, S. 85-103.

demokratische Einstellungen kräftigere Wurzeln schlagen konnten.[69]

Vergnügen mit gutem Gewissen

Dazu trug nicht unwesentlich eine Veränderung auf der „anderen Seite", unter den Nutzern der Populärkultur, bei, die ich hier nur anekdotisch zugespitzt andeuten kann.[70] Als im Herbst 1956 Jugendliche, die sogenannten Halbstarken, in spontanen Demonstrationen durch westdeutsche Innenstädte zogen und enthusiastisch „Rock'n'roll" skandierten, da beendeten sie endgültig die Sprachlosigkeit derer, denen man als Populärkunstkonsumenten sozialkulturelle Gleichberechtigung verweigerte. Die Halbstarken verkündeten mit ihrer öffentlichen Begeisterung für angeblich „vulgäre amerikanische Massenkultur" unüberhörbar die Weigerung, sich dem Maßstab der Hochkultur zu unterwerfen und sich weiterhin, mit schlechtem Gewissen wegen des eigenen schundigen Geschmacks, kulturell wegzuducken.

„Amerika" (auch hier verkürze ich) lieferte nicht nur das Material, das taktisch besonders gut für die Inszenierung der Herausforderung taugte. Es lieferte ebenfalls einen Diskurs, in dem die Legitimität der Massenkultur und derer, die sich ästhetisch in ihr wiederfanden, zu artikulieren war. Rolf Lindner hat in diesem Zusam-

---

69 Als Gesamtdarstellung dieses Prozesses vgl. Jarausch 2004; zum Generationsaspekt ebd., S. 191 f.

70 Ausführlicher Kaspar Maase: Amerikanisierung von unten. Demonstrative Vulgarität und kulturelle Hegemonie in der Bundesrepublik der 50er Jahre. In: Lüdtke (Hg.), Amerikanisierung, S. 291-313; Ders.: Establishing Cultural Democracy: Youth, „Americanization", and the Irresistible Rise of Popular Culture. In: Hanna Schissler (Hg.): The „Miracle" Years: A Cultural History of West Germany, 1949 to 1968. Princeton 2000, S. 428-450; vgl. auch Uta G. Poiger: Jazz, Rock and Rebels. Cold War Politics and American Culture in a Divided Germany. Berkeley 2000.

menhang treffend gesprochen vom „Übergang vom moralischen zum kommerziellen Code".[71] Der Diskurs vom amerikanischen Showbusiness entzog die Fans der populären Künste moralischer Kritik, ästhetischer Abwertung und volkspädagogischer Einflussnahme. Seine Vertreter erklärten nämlich den Geschäftserfolg zum einzig legitimen, weil demokratischen Maßstab ihrer Leistung.

Im März 1957, als die Wogen der Empörung über den vermeintlich obszönen, aller Kultur Hohn stammelnden Elvis Presley noch hoch schlugen, meldete die Jugendzeitschrift BRAVO lapidar: „Zahlen sprechen für Elvis. Elvis Presley übertrifft weiterhin die kühnsten Erwartungen der Verkaufsexperten seiner Platten-Firma." Nach der Parade der Millionenverkäufe hieß es: „Das ist wohl die überzeugendste Abstimmung für Presley, die man sich vorstellen kann. Schließlich wurden diese Millionen Platten Stück für Stück mit sauer verdienten Dollars bezahlt!"[72]

Die Stichworte „Abstimmung" und „sauer verdiente Dollars" riefen einen Diskurs auf, der den populären Geschmack gegen bildungselitäre Vormundschaftsansprüche verteidigte. Die Grundstruktur sah etwa so aus. Auf dem Unterhaltungsmarkt ging es wirklich demokratisch zu; was dort Erfolg hatte, war legitimiert dadurch, dass es nachweislich vielen zusagte. Massenkunst war ein Geschäft; gerade das garantierte, dass keine kulturelle Stigmatisierung die Vielen aufzuhalten vermochte. Die Vertreter von Kultur und Bildung mochten ruhig den Geschmack der Halbstarken und „Proleten" als banausisch verachten – letztlich würden die einfachen Leute auf dem Markt das durchsetzen, was ihnen gefiel. Denn der Anziehungskraft ihres Geldes konnte das Showbusiness auf Dauer nicht widerstehen.

---

71   Rolf Lindner: Teenager. Ein amerikanischer Traum. In: Willi Bucher/Klaus Pohl (Hg.): Schock und Schöpfung. Jugendästhetik im 20. Jahrhundert. Darmstadt 1986, S. 278-283, Zit. S. 282.
72   BRAVO 12/1957, S. 12.

Im Laufe der sechziger Jahre dann machte sich die nachwachsende Generation der Studierenden die Reize der Massenkultur nicht nur praktisch zu eigen. Junge Akademiker begannen, Populärkünste als Gegenstand von Forschung und Kritik zu behandeln und deren ästhetische Qualitäten zu legitimieren. Damit war das Kapitel „Massenkultur als Argument gegen die Massendemokratie" definitiv abgeschlossen. Der politische Rahmen für den Diskurs über die Gefahren der kommerziellen Populärkünste und über vermutete Defizite der Massen, die ihnen anhingen, wandelte sich; heute kann man sagen: Er hat sich unwiderruflich gewandelt. In mancher Hinsicht kann man sogar von einem positiven politischen Effekt der Populärkultur mit ihrer egalisierenden Dynamik sprechen. Sie ist zur Normalkultur der nachbürgerlichen Massendemokratie geworden; das hat sozialdistinktiven Gegensätzen Schärfe genommen und die Selbstanerkennung der „Ungebildeten" in der Republik – und damit auch ihre Anerkennung der Republik – erleichtert.[73]

Wie die Ambivalenzen des im Schundkampf artikulierten und eingeprägten Verhältnisses zur Massenkultur uns im 21. Jahrhundert, in den Zeiten von „Mediengewalt" und Internet weiter umtreiben – das wäre eine neue Geschichte.

---

73 Vgl. Kaspar Maase: „Gemeinkultur". Zur Durchsetzung nachbürgerlicher Kulturverhältnisse in Westdeutschland 1945 bis 1970. In: Bollenbeck/Kaiser, S. 170-189; Ders.: Jenseits der Massenkultur. Ein Vorschlag, populäre Kultur als repräsentative Kultur zu lesen. In: Udo Göttlich/Winfried Gebhardt/Clemens Albrecht (Hg.): Populäre Kultur als repräsentative Kultur. Köln 2002, S. 79-104.

Angaben zur Person

Kaspar Maase, Jg. 1946; außerplanmäßiger Professor am Ludwig-Uhland-Institut für Empirische Kulturwissenschaft der Universität Tübingen. Studium der Germanistik, Soziologie, Kunstgeschichte und Kulturwissenschaft in München und Berlin (DDR). Nach der Promotion freiberufliche Tätigkeit als Lektor, Publizist und Lehrbeauftragter. Wissenschaftlicher Mitarbeiter am Institut für Marxistische Studien und Forschungen, Frankfurt/M., und am Hamburger Institut für Sozialforschung. Habilitation an der Universität Bremen 1992 mit einer Studie über die Verwestlichung der Jugend in der Bundesrepublik. Seit 1995 Arbeit am Ludwig-Uhland-Institut. 2009 Landeslehrpreis des Landes Baden-Württemberg; 2009/2010 Gastprofessur am Institut für Populäre Kulturen der Universität Zürich.

Arbeitsschwerpunkte: Amerikanisierung; Populärkultur vom 19. bis zum 21. Jahrhundert; Geschichte des Jugendmedienschutzes; Ästhetisierung des Alltags.

Ausgewählte Veröffentlichungen des Autors

Monographien und Herausgeberschriften

Die Schönheiten des Populären. Ästhetische Erfahrung der Gegenwart. Frankfurt/New York 2008 (Hg.).

Grenzenloses Vergnügen. Der Aufstieg der Massenkultur 1850-1970. 4. Aufl. Frankfurt/M. 2007.

Unterwelten der Kultur. Themen und Theorien der volkskundlichen Kulturwissenschaft. Köln 2003 (Hg. mit Bernd Jürgen Warneken).

Schund und Schönheit. Populäre Kultur um 1900. Köln 2001 (Hg. mit Wolfgang Kaschuba).

BRAVO Amerika. Erkundungen zur Jugendkultur in der Bundesrepublik der fünfziger Jahre. Hamburg 1992.

Aufsätze

Massenmedien und Konsumgesellschaft. In: Heinz-Gerhard Haupt/ Claudius Torp (Hg.): Die Konsumgesellschaft in Deutschland 1890-1990. Ein Handbuch. Frankfurt/New York 2009, S. 62-79.

Kinderkultur als Unterwelt der Arbeitsgesellschaft. In: Reinhard Johler/Bernhard Tschofen (Hg.): Empirische Kulturwissenschaft – Eine Tübinger Enzyklopädie. Der Reader des Ludwig-Uhland-Instituts. Tübingen 2008, S. 393-407.

Die Halbstarken. Bilder einer neuen Jugend. In: Gerhard Paul (Hg.): Das Jahrhundert der Bilder – 1949 bis heute. Göttingen 2008, S. 154-161.

Kinderkino. Halbwüchsige, Öffentlichkeiten und kommerzielle Populärkultur im deutschen Kaiserreich.. In: Corinna Müller/Harro Segeberg (Hg.): Kinoöffentlichkeit (1895-1920) - Entstehung, Etablierung, Differenzierung / Cinema's Public Sphere (1895-1920): Emergence Settlement Differentiation. Marburg 2008, S. 126-148.

Massenkultur, Demokratie und verordnete Verwestlichung. Bundesdeutsche und amerikanische Kulturdiagnosen der 1950er Jahre. In: Lars Koch (Hg.): Modernisierung als Amerikanisierung? Entwicklungslinien der westdeutschen Kultur 1945-1960. Bielefeld 2007, S. 277-317.

Die amerikanische Gebärde. Lässigkeit in Nachkriegsdeutschland. In: Anke Köth/Kai Krauskopf/Andreas Schwarting (Hg.): Building America 2: Migration der Bilder. Dresden 2007, S. 193-214.

Nützlich? Angenehm? Schön? Überlegungen zur Ästhetik im Alltag. In: Karl Eibl/Katja Mellmann/Rüdiger Zymner (Hg.): Im Rücken der Kulturen. Paderborn 2007, S. 89-111.

Die ästhetische Würde des Kassenerfolgs. Zum Verhältnis von Mainstream-Diskurs und Massenpublikum. In: Irmbert Schenk u.a. (Hg.): Experiment Mainstream? Differenz und Uniformierung im populären Kino. Berlin 2006, S. 17-30.

Entamerikanisierung des Amerikanischen? Eine Lokalstudie zur Nutzung von Kulturimporten in Tübingen. In: Alexander Stephan/Jochen Vogt (Hg.): America on my mind. Zur Amerikanisierung der deutschen Kultur seit 1945. München 2006, S. 237-255.

Kinder - Medien - Generationenambivalenz. Zum Jugendmedienschutz seit dem 18. Jahrhundert. In: Zeitschrift für Literaturwissenschaft und Linguistik 36, 2006, H. 142, S. 112-128.

Farbige Bescheidenheit. Anmerkungen zum postheroischen Generationsverständnis. In: Ulrike Jureit/Michael Wildt (Hg.): Generationen. Zur Relevanz eines wissenschaftlichen Grundbegriffs. Hamburg 2005, S. 220-242.

"Jetzt kommt Dänemark". Anmerkungen zum Gebrauchswert des frühen Rundfunks. In: Edgar Lersch/Helmut Schanze (Hg.): Die Idee des Radios. Von den Anfängen in Europa und den USA bis 1933 [= Jahrbuch Medien und Geschichte 2004]. Konstanz 2004, S. 47-72.

Vom Schreckbild zum Vorbild. Wie und warum sich der deutsche Rundfunk amerikanisierte. In: Geschichte in Wissenschaft und Unterricht 55, 2004, 10, S. 566-585.

Die soziale Bewegung gegen Schundliteratur im deutschen Kaiserreich. Ein Kapitel aus der Geschichte der Volkserziehung. In: Internationales Archiv für Sozialgeschichte der deutschen Literatur 27, 2002, H. 2, S. 45-123.

Jenseits der Massenkultur. Ein Vorschlag, populäre Kultur als repräsentative Kultur zu lesen. In: Udo Göttlich/Winfried Gebhardt/Clemens Albrecht (Hg.): Populäre Kultur als repräsentative Kultur. Die Herausforderung der Cultural Studies. Köln 2002, S. 79-104.

"Schundliteratur" und Jugendschutz im Ersten Weltkrieg. Eine Fallstudie zur Kommunikationskontrolle in Deutschland. In: kommunikation@gesellschaft 3, 2002, Beitrag 3; URL: http://www.uni-frankfurt.de/fb03/K.G/B3_2002_Maase.pdf

Massenkunst und Volkserziehung. Die Regulierung von Film und Kino im deutschen Kaiserreich. In: Archiv für Sozialgeschichte 41, 2001, S. 39-77.

"... ein unwiderstehlicher Drang nach Freude" – Ästhetische Erfahrung als Gegenstand historischer Kulturforschung. In: Historische Anthropologie 8, 2000, H. 3, S. 432-444.

"Gemeinkultur". Zur Durchsetzung nachbürgerlicher Kulturverhältnisse in Westdeutschland 1945 bis 1970. In: Georg Bollenbeck/Gerhard Kaiser (Hg.): Die janusköpfigen 50er Jahre. Wiesbaden 2000, S. 170-189.

'Stil' und 'Manier' in der Alltagskultur - Volkskundliche Annäherungen. In: Wolfgang Braungart (Hg.): Manier und Manierismus. Tübingen 2000, S. 15-46.

"Lässig" kontra "zackig" - Nachkriegsjugend und Männlichkeiten in geschlechtergeschichtlicher Perspektive. In: Christina Benninghaus/Kerstin Kohtz (Hg.): "Sag mir, wo die Mädchen sind ...". Beiträge zur Geschlechtergeschichte der Jugend. Köln 1999, S. 79-101.

"Wilde Eindrucksvermittler" und "Verschwinden der Kindheit". Zur Kartographie der imaginierten Stadt im 20. Jahrhundert. In: Olaf Bockhorn/Gunter Dimt/Edith Hörandner (Hg.): Urbane Welten. Referate der Österreichischen Volkskundetagung 1998 in Linz. Wien 1999, S. 297-317.

Amerikanisierung von unten. Demonstrative Vulgarität und kulturelle Hegemonie in der Bundesrepublik der 50er Jahre. In: Alf Lüdtke u. a. (Hg.): Amerikanisierung. Traum und Alptraum im Deutschland des 20. Jahrhunderts. Stuttgart 1996, S. 291-313.

Kinder als Fremde - Kinder als Feinde. Halbwüchsige, Massenkultur und Erwachsene im wilhelminischen Kaiserreich. In: Historische Anthropologie 4, 1996, 1, S. 93-126.

Spiel ohne Grenzen. Von der "Massenkultur" zur "Erlebnisgesellschaft": Wandel im Umgang mit populärer Unterhaltung. In: Zeitschrift für Volkskunde 90, 1994, I, S. 13-36.

Der Schundkampf-Ritus. Anmerkungen zur Auseinandersetzung mit Mediengewalt in Deutschland. In: Rolf W. Brednich/Walter Hartinger (Hg.): Gewalt in der Kultur. Vorträge des 29. Deutschen Volkskundekongresses. Passau 1994, S. 511-524.

Otto von Freising-Vorlesungen

Bd. 1: **Wilhelm G. Grewe:**
Das geteilte Deutschland in der
Weltpolitik
1990. Vergriffen

Bd. 2: **Berndt von Staden:**
Der Helsinki-Prozeß
1990. Vergriffen

Bd. 3: **Hans Buchheim:**
Politik und Ethik
1991. Vergriffen

Bd. 4: **Dmitrij Zlepko:**
Die ukrainische katholische Kirche –
Orthodoxer Herkunft, römischer
Zugehörigkeit
1992. Vergriffen

Bd. 5: **Roland Girtler:**
Würde und Sprache in der Lebenswelt
der Vaganten und Ganoven
1992. Vergriffen

Bd. 6: **Magnus Mörner:**
Lateinamerika im internationalen
Kontext
1995. Vergriffen

Bd. 7: Probleme der internationalen
Gerechtigkeit
Herausgegeben von **Karl Graf
Ballestrem** und **Bernhard Sutor**
1993. Vergriffen

Bd. 8: **Karl Martin Bolte:**
Wertwandel. Lebensführung.
Arbeitswelt
1993. Vergriffen

Bd. 9: **František Šmahel:**
Zur politischen Präsentation und
Allegorie im 14. und 15. Jahrhundert
1994. Vergriffen

Bd. 10: **Odilo Engels:**
Das Ende des jüngeren
Stammesherzogtums
1998. Vergriffen

Bd. 11: **Hans-Georg Wieck:**
Demokratie und Geheimdienste
1995. Vergriffen

Bd. 12: **Franz-Xaver Kaufmann:**
Modernisierungsschübe, Familie und
Sozialstaat
1996. Vergriffen

Bd. 13: **Wolfgang Brückner:**
„Arbeit macht frei". Herkunft und
Hintergrund der KZ- Devise
1998. Vergriffen

Bd. 14: **Manfred Hättich:**
Demokratie als Problem
1996. Vergriffen

Bd. 15: **Horst Schüler-Springorum:**
Wider den Sachzwang
1997. Vergriffen

Bd. 16: **Gerhard A. Ritter:**
Soziale Frage und Sozialpolitik
1998. Vergriffen

Bd. 17: **Uwe Backes:**
Schutz des Staates
1998. Vergriffen

Bd. 18: **Klaus Schreiner:**
Märtyrer, Schlachtenhelfer,
Friedenstifter
2000. Vergriffen

Bd. 19: **Antonio Scaglia:**
Max Webers Idealtypus der nicht-
legitimen Herrschaft
2001. Vergriffen

Bd. 20: **Walter Hartinger:**
Hinterm Spinnrad oder auf
dem Besen
2001. Vergriffen

Bd. 21: **Martin Sebaldt:**
Parlamentarismus im Zeitalter der
Europäischen Integration
2002. Vergriffen

Bd. 22: **Alois Hahn:**
Erinnerung und Prognose
2003. Vergriffen

Bd. 23: **Andreas Wisching:**
Agrarischer Protest und Krise der
Familie
2004, 97 S. € 19,90
ISBN 978-3-531-14274-6

Bd. 24: **Stefan Brüne:**
Europas Außenbeziehungen und die
Zukunft der Entwicklungspolitik
2005. 104 S., € 19,90
ISBN 978-3-531-14562-4

Bd. 25: **Toni Pierenkemper:**
Arbeit und Alter in der Geschichte
2006. 114 S., € 12,90
ISBN 978-3-531-14958-5

Bd. 26: **Manfred Brocker:**
Kant über Rechtsstaat und
Demokratie
2006. 62 S., € 12,90
ISBN 978-3-531-14967-7

Bd. 27: **Jan Spurk:**
Europäische Soziologie als
kritische Theorie der Gesellschaft
2006. 80 S., € 12,90
ISBN 978-3-531-14996-7

Alois Schmid:
Neue Wege der bayerischen
Landesgeschichte
2008. 107 S., € 19,90
ISBN 978-3-531-16031-3

Wilfried Spohn:
Politik und Religion in einer sich
globalisierenden Welt
2008. 98 S., € 19,90
ISBN 978-3-531-16076-4

Rainer Tetzlaff:
Afrika in der Globalisierungsfalle
2008. 108 S., € 19,90
ISBN 978-3-531-16030-6

Michaela Wittinger:
Christentum, Islam, Recht und
Menschenrechte
Spannungsfelder und Lösungen
2008. 85 S., € 19,90
ISBN 978-3-531-16140-2

Kaspar Maase:
Was macht Populärkultur politisch?
2010. ca. 121 S., ca. € 29,95
ISBN 978-3-531-17678-9